Ashok M
Dhanalaxmi B
Chandiraprakash N

Engenharia de software. Parte 1

Ashok M
Dhanalaxmi B
Chandiraprakash N

Engenharia de software.
Parte 1

ScienciaScripts

Imprint

Any brand names and product names mentioned in this book are subject to trademark, brand or patent protection and are trademarks or registered trademarks of their respective holders. The use of brand names, product names, common names, trade names, product descriptions etc. even without a particular marking in this work is in no way to be construed to mean that such names may be regarded as unrestricted in respect of trademark and brand protection legislation and could thus be used by anyone.

Cover image: www.ingimage.com

This book is a translation from the original published under ISBN 978-620-5-51761-1.

Publisher:
Sciencia Scripts
is a trademark of
Dodo Books Indian Ocean Ltd. and OmniScriptum S.R.L publishing group

120 High Road, East Finchley, London, N2 9ED, United Kingdom
Str. Armeneasca 28/1, office 1, Chisinau MD-2012, Republic of Moldova, Europe
Printed at: see last page
ISBN: 978-620-6-26812-3

Engenharia de software

Parte -1

Dr. M. Ashok

Dr. B. Dhanalaxmi

Sr. N. Chandiraprakash

SOBRE OS AUTORES:

O Dr. M.Ashok trabalha atualmente como diretor no Instituto de Engenharia e Tecnologia Malla Reddy. É um tecnocrata com experiência académica e de investigação. Obteve o doutoramento em Ciências e Tecnologias da Computação na Universidade Sri Krishna Devaraya em Processamento Digital de Imagens no ano de 2012. Fez o seu Mestrado em Informática na JNTU, Anantapur e o seu Bacharelato em Engenharia Eletrónica e de Comunicações na Universidade Sri Krishna Devaraya. No plano académico, trabalhou em instituições como a Faculdade de Engenharia Sri Sai Jyothi, em várias funções, desde professor assistente a professor e diretor, tendo organizado muitas conferências, workshops e FDP. Atualmente, orienta três bolseiros de doutoramento no âmbito da JNTUH e orientou muitos estudantes de M.Tech na JNTUH; materializou muitos MOU entre institutos académicos e indústrias, estabeleceu laboratórios e serviços. Tem sido convidado por várias faculdades para proferir palestras e discursos. O seu interesse de investigação é na área do Processamento de Imagem, Exploração de Dados e Sistemas Operativos. É membro do Conselho Editorial e revisor da ICETETS, NCARSE - International Conference e publicou mais de 50 artigos de investigação em muitas revistas e conferências de renome. É membro profissional da IETE - Índia, ISTE-Índia, CSI-Índia, IAENG-Hong Kong.

Dr. B.Dhanalaxmi está atualmente trabalhando como Professor no Departamento de Ciência da Computação e Engenharia e Reitor de Pesquisa e Desenvolvimento (P&D) no Instituto Malla Reddy de Engenharia e Tecnologia (Autônomo). Ela recebeu seu doutorado em Ciência da Computação e Engenharia pela JNTUH, M.Tech em Engenharia de Software e B.Tech em CSIT. Está no Instituto desde 2021. Ela atuou no meio académico por mais de 15 anos. Seus interesses de pesquisa multidisciplinares cobrem Confiabilidade de Software, Engenharia de Software, Redes de Computadores, Aprendizado de Máquina, Ciência de Dados, Inteligência Artificial, Criptografia e Aprendizado Profundo. Como investigadora, registou 4 patentes e mais de 20 publicações em diferentes revistas nacionais e internacionais, incluindo actas de conferências. É membro vitalício da ISTE, IAENG, UACEE e membro do conselho editorial da SCIREA.

O Sr. N.Chandiraprakash trabalha atualmente como Professor Assistente no Departamento de AIML do Instituto de Engenharia e Tecnologia Malla Reddy (Autónomo). Recebeu o seu Mestrado em Ciências e Engenharia Informáticas e a sua Licenciatura em Tecnologias da Informação. Trabalhou no sector académico durante mais de 10 anos. É membro da IAENG. Os seus interesses de investigação multidisciplinares abrangem a cibersegurança, a criptografia, a engenharia de software, as redes informáticas, a aprendizagem automática e a aprendizagem profunda. Como investigador, apresentou uma publicação em diferentes revistas nacionais e internacionais, incluindo conferências

Prefácio

A engenharia de software é o estudo e a prática da engenharia para construir, conceber, desenvolver, manter e retirar software. Existem diferentes áreas de engenharia de software e esta serve muitas funções ao longo do ciclo de vida da aplicação. Uma engenharia de software eficaz exige que os engenheiros de software sejam informados sobre as melhores práticas de engenharia de software, disciplinados e conscientes da forma como a sua empresa desenvolve software, do funcionamento que este irá cumprir e da forma como será mantido.

A engenharia de software está numa nova era, uma vez que os CIO e os líderes digitais compreendem agora a importância da engenharia de software e o impacto - bom e mau - que pode ter nos seus resultados.

Os fornecedores, o pessoal de TI e mesmo os departamentos fora das TI têm de estar conscientes de que o impacto da engenharia de software está a aumentar - está a afetar quase todos os aspectos da sua atividade diária.

Os engenheiros de software estão bem familiarizados com o processo de desenvolvimento de software, embora normalmente precisem de informações do líder de TI relativamente aos requisitos do software e ao resultado final. Independentemente da educação formal, todos os engenheiros de software devem trabalhar no âmbito de um conjunto específico de boas práticas para a engenharia de software, de modo a que outros possam fazer algum deste trabalho ao mesmo tempo.

A engenharia de software inclui quase sempre uma grande quantidade de trabalho de equipa. Designers, escritores, programadores, testadores, vários membros da equipa e toda a equipa de TI precisam de compreender o código.

Os engenheiros de software devem saber trabalhar com várias linguagens informáticas comuns, incluindo Visual Basic, Python, Java, C e C++. De acordo com a investigação, pelo sexto ano consecutivo, o JavaScript é a linguagem de programação mais utilizada. O Python subiu nas classificações, ultrapassando o C# este ano, tal como ultrapassou o PHP no ano passado. Python tem uma sólida pretensão de ser a linguagem de programação principal de crescimento mais rápido.

Chandiraprakash.N

CONTEÚDOS

Prefácio 3

MÓDULO- I 5

GESTÃO DE PROCESSOS E PROJECTOS DE SOFTWARE 5

MÓDULO- II 37

ANÁLISE E ESPECIFICAÇÃO DE REQUISITOS 37

MÓDULO- III 59

CONCEPÇÃO DE SOFTWARE 59

MÓDULO- IV 90

ENSAIO E APLICAÇÃO 90

MÓDULO - V 118

GESTÃO DE PROJECTOS 118

Referência: 149

MÓDULO- I

GESTÃO DE PROCESSOS E PROJECTOS DE SOFTWARE

Introdução à engenharia de software, processo de software, perspetiva e modelos de processo especializados; Gestão de projectos de software: Estimativa: Estimativa baseada em LOC e FP, modelo COCOMO; Calendarização de projectos: Calendarização, análise do valor acrescentado, gestão do risco.

Introdução à engenharia de software

O que é software?

- ➢ O produto que os profissionais de software constroem e suportam a longo prazo.
- ➢ O software é abrangido:
    - I.   Instruções (programas de computador) que, quando executadas, fornecem características, funções e desempenho desejados;
    - II. Estruturas de dados que permitem aos programas armazenar e manipular adequadamente as informações e
    - III. Documentação que descreve o funcionamento e a utilização dos programas.

Produtos de software

- ➢ Produtos genéricos
    - ➢ Sistemas autónomos que são comercializados e vendidos a qualquer cliente
- ➢ Quem deseja comprá-los?
    - ➢ Exemplos - software para PC, como programas de edição, programas gráficos, ferramentas de gestão de projectos; software CAD; software para mercados específicos, como sistemas de marcação de consultas para dentistas.
- ➢ Produtos personalizados
    - ➢ Software que é encomendado por um cliente específico para satisfazer as suas próprias necessidades.
    - ➢ Exemplos - sistemas de controlo incorporados, software de controlo do tráfego aéreo, sistemas de monitorização do tráfego.

Porque é que o software é importante?

- ➢ As economias de TODAS as nações desenvolvidas estão dependentes do software.
- ➢ Cada vez mais sistemas são controlados por software (transportes, medicina, telecomunicações, militar, industrial, entretenimento, etc.)
- ➢ A engenharia de software diz respeito a teorias, métodos e ferramentas para o desenvolvimento profissional de sofware.
- ➢ As despesas com software representam uma fração significativa do produto nacional bruto (PNB) em todos os países desenvolvidos.

Características do software

> As suas características tornam-no diferente das outras coisas que o ser humano constrói.

> Características de um sistema lógico deste tipo:

> O software é desenvolvido ou projetado; não é fabricado no sentido clássico, que tem problemas de qualidade.

> O software não se "desgasta", mas deteriora-se (devido à mudança). O hardware tem uma curva de banheira de taxa de falha (alta taxa de falha no início, depois cai para um estado estável, depois ocorrem os efeitos cumulativos de poeira, vibração, abuso).

> Embora a indústria esteja a evoluir para a construção baseada em componentes (por exemplo, parafusos normalizados e circuitos integrados prontos a utilizar), a maior parte do software continua a ser construída à medida. Os componentes reutilizáveis modernos encapsulam dados e processamento em partes de software que podem ser reutilizadas por diferentes programas. Por exemplo, interface gráfica do utilizador, janela, menus pendentes na biblioteca, etc.

Aplicações de software

I.   Software de sistema: como compiladores, editores, utilitários de gestão de ficheiros

II.   Software de aplicação: programas autónomos para necessidades específicas.

III.   Software de engenharia/científico: Caracterizado por algoritmos de "processamento de números", como a análise de tensões em automóveis, a biologia molecular, a dinâmica orbital, etc.

IV.   O software incorporado reside num produto ou sistema. (controlo do teclado de um forno de micro-ondas, função digital do visor do painel de instrumentos de um automóvel)

V.   O software de linha de produtos centra-se num mercado limitado para se dirigir ao mercado de consumo de massas. (processamento de texto, gráficos, gestão de bases de dados)

VI.   WebApps (aplicações Web) software centrado na rede. Com o surgimento da Web 2.0, são suportados ambientes informáticos mais sofisticados integrados com bases de dados remotas e aplicações comerciais.

VII.   O software de IA utiliza um algoritmo não numérico para resolver problemas complexos. Robótica, sistema pericial, reconhecimento de padrões, jogo

Definição de engenharia de software

A definição seminal:

[A engenharia de software é o estabelecimento e a utilização de princípios sólidos de engenharia para obter software económico, fiável e que funcione eficazmente em máquinas reais.

A definição do IEEE:

Engenharia de software:

(1) A aplicação de uma abordagem sistemática, disciplinada e quantificável ao desenvolvimento, operação e manutenção de software; ou seja, a aplicação da engenharia ao software .

(2) O estudo das abordagens referidas em (1).

- Qualquer abordagem de engenharia deve assentar num compromisso organizacional com a qualidade que promova uma cultura de melhoria contínua dos processos.

- A camada de processo como base define um quadro com actividades para a entrega eficaz da tecnologia de engenharia de software. Estabelece o contexto em que os produtos (modelo, dados, relatório e formulários) são produzidos, as etapas são estabelecidas, a qualidade é assegurada e a mudança é gerida.

- O método fornece instruções técnicas para a criação de software. Engloba muitas tarefas, incluindo comunicação, análise de requisitos, modelação de design, construção de programas, testes e suporte.

- As ferramentas fornecem apoio automatizado ou semi-automatizado ao processo e aos métodos

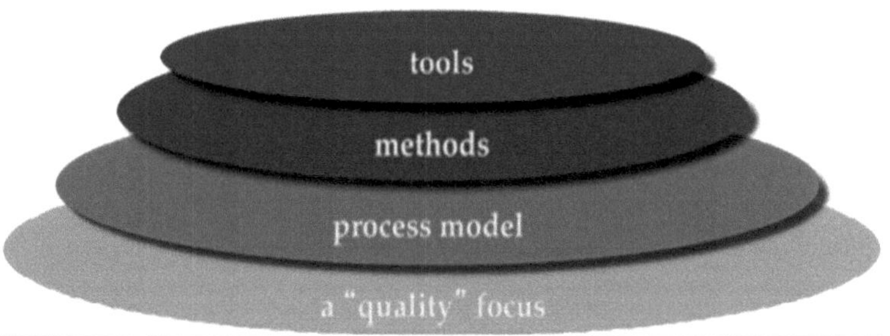

Processo de software

- Um processo é um conjunto de actividades, acções e tarefas que são executadas quando se pretende criar um produto de trabalho. Não se trata de uma receita rígida para a criação de software informático. Pelo contrário, é uma abordagem adaptável que permite às pessoas que fazem o trabalho escolher o conjunto adequado de acções e tarefas.

- O objetivo do processo é fornecer software atempadamente e com qualidade suficiente para satisfazer aqueles que patrocinaram a sua criação e aqueles que o irão utilizar.

Cinco actividades de uma estrutura genérica de processos

- Comunicação: comunicar com o cliente para compreender os objectivos e recolher os requisitos.

- Planeamento: cria um "mapa" que define o trabalho, descrevendo as tarefas, os riscos e os recursos, os produtos e o calendário de trabalho.

- Modelação: Criar um "esboço", o aspeto arquitetónico, a forma como as partes constituintes se encaixam e outras características.

- Construção: geração de código e testes.

- Implantação: Entregue ao cliente que avalia os produtos e fornece feedback com base na avaliação.

Estas cinco actividades do quadro podem ser utilizadas para todo o desenvolvimento de software, independentemente do domínio da aplicação, da dimensão do projeto, da complexidade dos esforços, etc., embora os pormenores sejam diferentes em cada caso.

Para muitos projectos de software, estas actividades de enquadramento são aplicadas iterativamente à medida que o projeto avança. Cada iteração produz um incremento de software que fornece um subconjunto de características e funcionalidades globais do software.

Actividades de guarda-chuva

Complementam as cinco actividades do quadro de processos e ajudam a equipa a gerir e controlar o progresso, a qualidade, a mudança e o risco.

- Acompanhamento e controlo de projectos de software: avaliar os progressos em relação ao plano e tomar medidas para manter o calendário.

- Gestão do risco: avalia os riscos que podem afetar o resultado e a qualidade.

- Garantia da qualidade do software: define e conduz actividades para garantir a qualidade.

- Revisões técnicas: avalia os produtos de trabalho para detetar e eliminar erros antes de passar à atividade seguinte.

- Medição: definir e recolher medidas de processos, projectos e produtos para garantir que as necessidades das partes interessadas são satisfeitas.

- Gestão da configuração do software: gerir os efeitos da mudança ao longo do processo de software.

- Gestão da reutilização: define critérios para a reutilização de produtos de trabalho e estabelece mecanismos para obter componentes reutilizáveis.

- Preparação e produção de produtos de trabalho: criar produtos de trabalho, tais como modelos, documentos, registos, formulários e listas.

Adaptação de um modelo de processo

O processo deve ser ágil e adaptável aos problemas. O processo adotado para um projeto pode ser significativamente diferente de um processo adotado de outro projeto. (para o problema, o projeto, a equipa, a cultura organizacional). Entre as diferenças estão:

- o fluxo global de actividades, acções e tarefas e as interdependências entre elas
- o grau em que as acções e tarefas são definidas em cada atividade-quadro
- o grau em que os produtos de trabalho são identificados e exigidos
- a forma como são aplicadas as actividades de garantia da qualidade
- a forma como são aplicadas as actividades de acompanhamento e controlo dos projectos
- o grau geral de pormenor e rigor com que o processo é descrito
- o grau de envolvimento do cliente e de outras partes interessadas no projeto
- o nível de autonomia dado à equipa de software
- o grau em que a organização e as funções da equipa são prescritas

- Uma estrutura para as actividades, acções e tarefas necessárias para construir software de alta qualidade.

- O SP define a abordagem adoptada à medida que o software é concebido.

- Não é igual à engenharia de software, que também engloba as tecnologias que povoam o processo - métodos técnicos e ferramentas automatizadas.

1. Um modelo de processo genérico

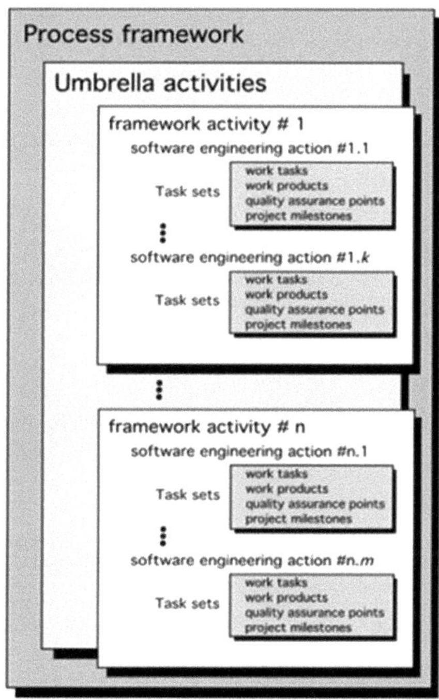

Uma estrutura genérica de processos para a engenharia de software define cinco actividades de estrutura - comunicação, planeamento, modelação, construção e implementação. Além disso, um conjunto de actividades gerais - acompanhamento e controlo do projeto, gestão do risco, garantia da qualidade, gestão da configuração, revisões técnicas e outras - são aplicadas ao longo do processo. A próxima pergunta é: como é que as actividades da estrutura e as acções e tarefas que ocorrem em cada atividade estão organizadas em relação à sequência e ao tempo? Para obter a resposta, consulte o fluxo do processo.

Fluxo do processo

1. O fluxo de processo linear executa cada uma das cinco actividades em sequência.

2. Um fluxo de processo iterativo repete uma ou mais actividades antes de avançar para a seguinte.

3. Um fluxo de processo evolutivo executa as actividades de forma circular. Cada circuito conduz a uma versão mais completa do software.

4. Um fluxo de processo
paralelo executa uma ou mais actividades em paralelo com outras actividades (modelação de um aspeto do software em paralelo com a construção de outro aspeto do software.

2. Identificação de um conjunto de tarefas

Antes de avançar com o modelo de processo, uma questão fundamental: que acções são adequadas para uma atividade de enquadramento tendo em conta a natureza do problema, as características das pessoas e das partes interessadas?

- ➢ Um conjunto de tarefas define o trabalho real a ser realizado para atingir os objectivos de uma ação de engenharia de software.
- ➢ Uma lista da tarefa a realizar
- ➢ Uma lista dos produtos de trabalho a produzir
- ➢ Uma lista dos filtros de garantia de qualidade a aplicar

Exemplo de um conjunto de tarefas para a elicitação

Os conjuntos de tarefas para a ação de recolha de requisitos para um projeto simples podem incluir

1. Elaborar uma lista das partes interessadas no projeto.
2. Convidar todas as partes interessadas para uma reunião informal.
3. Peça a cada parte interessada para fazer uma lista das características e funções necessárias.
4. Discutir os requisitos e elaborar uma lista final.
5. Dar prioridade aos requisitos.
6. Registar as áreas de incerteza.

3. Padrões de processo

- Um padrão de *processo*
    - descreve um problema relacionado com o processo que é encontrado durante o trabalho de engenharia de software,
    - identifica o ambiente em que o problema foi encontrado, e
    - sugere uma ou mais soluções comprovadas para o problema.
- Em termos mais gerais, um padrão de processo fornece-lhe um *modelo* [Amb98] - um método consistente para descrever soluções de problemas dentro do contexto do processo de software.

1. Problemas e soluções associados a um modelo de processo completo (por exemplo, prototipagem).

2. Problemas e soluções associados a uma atividade de enquadramento (por exemplo, planeamento) ou

3. Uma ação com uma atividade de enquadramento (por exemplo, estimativa de projeto).

Tipos de padrões de processo

- *Padrões de fase - definem* um problema associado a uma atividade de enquadramento do processo. Inclui também vários padrões de tarefas. Por exemplo, Estabelecer Comunicação incorporaria o padrão de tarefa Recolha de Requisitos e outros.

- *Padrões de tarefas - definem* um problema associado a uma ação de engenharia de software ou tarefa de trabalho e relevante para uma prática de engenharia de software bem sucedida

- *Padrões de fase - definem* a sequência de actividades de enquadramento que ocorrem com o processo, mesmo quando o fluxo global de actividades é de natureza iterativa. O exemplo inclui o Modelo Sprial ou a Prototipagem.

Um exemplo de padrão de processo

- Descreve uma abordagem que pode ser aplicável quando as partes interessadas têm uma ideia geral do que deve ser feito, mas não têm a certeza dos requisitos específicos do software.

- Nome do padrão. Requisito pouco claro

- Objetivo. Este padrão descreve uma abordagem para a construção de um modelo que pode ser avaliado iterativamente pelas partes interessadas, num esforço para identificar ou solidificar os requisitos de software.

- Tipo. Padrão de fase

- Contexto inicial. As condições devem ser satisfeitas: (1) as partes interessadas foram identificadas; (2) foi estabelecido um modo de comunicação entre as partes interessadas e a equipa de software; (3) o problema de software a resolver foi identificado pelas partes interessadas; (4) foi desenvolvida uma compreensão inicial do âmbito do projeto, dos requisitos comerciais básicos e das restrições do projeto.

- Problema. Os requisitos são nebulosos ou inexistentes. As partes interessadas não têm a certeza do que pretendem.

- Solução. Uma descrição do processo de criação de protótipos seria apresentada aqui.

- Contexto resultante. Um protótipo de software que identifica os requisitos básicos. (modos de interação, características computacionais, funções de processamento) é aprovado pelas partes interessadas. Em seguida, 1. este protótipo pode evoluir através de uma série de incrementos até se tornar o software de produção ou 2. o protótipo pode ser descartado.

- Padrões relacionados. Comunicação com o cliente, conceção iterativa, desenvolvimento iterativo, avaliação do cliente, extração de requisitos.

- A existência de um processo de software não é garantia de que o software será entregue a tempo, que satisfará as necessidades do cliente ou que apresentará as características técnicas que conduzirão a características de qualidade a longo prazo.

- Nas últimas décadas, foram propostas várias abordagens diferentes para a avaliação e melhoria do processo de software:

- Standard CMMI Assessment Method for Process Improvement (SCAMPI) - fornece um modelo de avaliação de processos em cinco passos que incorpora cinco fases: iniciar, diagnosticar, estabelecer, atuar e aprender. O método SCAMPI utiliza o CMMI do SEI como base para a avaliação [SEI00].

- CMM-Based Appraisal for Internal Process Improvement (CBA IPI)- fornece uma técnica de diagnóstico para avaliar a maturidade relativa de uma organização de software; utiliza o SEI CMM como base para a avaliação [Dun01].

- SPICE (ISO/IEC15504) - uma norma que define um conjunto de requisitos para a avaliação de processos de software. A intenção da norma é ajudar as organizações a desenvolver uma avaliação objetiva da eficácia de qualquer processo de software definido [ISO08].

- ISO 9001:2000 para Software - uma norma genérica que se aplica a qualquer organização que queira melhorar a qualidade geral dos produtos, sistemas ou serviços que fornece. Portanto, a norma é diretamente aplicável a organizações e empresas de software [Ant06].

Modelos de processo prescritivos

- Modelos de processo clássicos

  - Modelo em cascata (modelo sequencial linear)

- Modelos de processos incrementais

  - Modelo incremental

- Modelos evolutivos de processos de software

  - Prototipagem

  - Modelo em espiral

  - Modelo de desenvolvimento simultâneo

1.Modelos de Processo Clássicos - Modelo Waterfall (Modelo Linear Sequencial)

- O modelo em cascata, por vezes designado por ciclo de vida clássico.

- É o paradigma mais antigo da Engenharia de Software. Quando os requisitos são bem definidos e razoavelmente estáveis, conduz a uma forma linear

- O modelo em cascata, por vezes designado por ciclo de vida clássico, sugere uma abordagem sistemática,

- Abordagem sequencial do desenvolvimento de software que começa com a especificação dos requisitos pelo cliente e progride através do planeamento, modelação, construção e implantação, culminando no apoio contínuo ao software concluído.

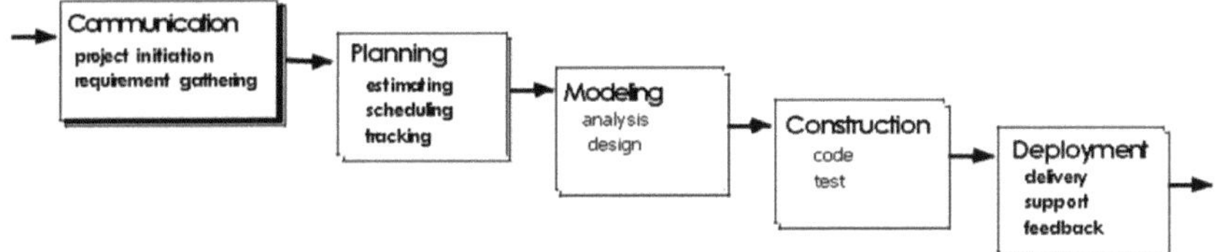

Uma variação do modelo em cascata descreve a relação entre as acções de garantia da qualidade e as acções associadas às actividades de comunicação, modelação e construção antecipada do código.

A equipa começa por descer o lado esquerdo do V para aperfeiçoar os requisitos do problema. Uma vez gerado o código, a equipa sobe pelo lado direito do V, realizando uma série de testes que validam cada um dos modelos criados à medida que a equipa desce pelo lado esquerdo.

O modelo V fornece uma forma de visualizar como as acções de verificação e validação são aplicadas a trabalhos de engenharia anteriores.

O modelo V

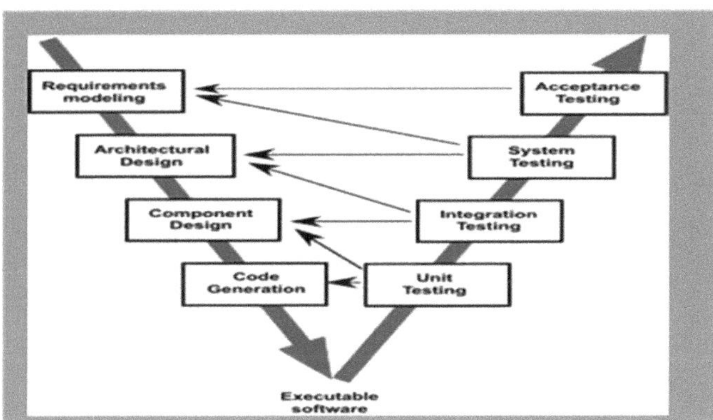

Os problemas que por vezes se colocam quando se aplica o modelo em cascata são os seguintes

- Os projectos reais raramente seguem o fluxo sequencial que o modelo propõe. Embora o modelo linear possa acomodar a iteração, fá-lo indiretamente. Como resultado, as alterações podem causar confusão à medida que a equipa do projeto avança.

- Muitas vezes é difícil para o cliente declarar explicitamente todos os requisitos. O modelo em cascata exige isso e tem dificuldade em acomodar a incerteza natural que existe no início de muitos projectos.

- O cliente deve ter paciência. Uma versão funcional do(s) programa(s) só estará disponível numa fase tardia do projeto. Um erro grave, se não for detectado até que o programa de trabalho seja revisto, pode ser desastroso.

2. Modelos de processos incrementais - Modelo incremental

- Quando os requisitos iniciais estão razoavelmente bem definidos, mas o âmbito global do esforço de desenvolvimento impede um processo puramente linear. Uma necessidade imperiosa de expandir um conjunto limitado de novas funções para uma versão posterior do sistema.

- Combina elementos de fluxos de processos lineares e paralelos. Cada sequência linear produz incrementos de entrega do software.

- O primeiro incremento é frequentemente um produto de base com muitas características suplementares. Os utilizadores utilizam-no e avaliam-no com mais modificações para melhor satisfazer as necessidades.

- O modelo de processo incremental centra-se na entrega de um produto operacional em cada incremento. Os primeiros incrementos são versões reduzidas do produto final, mas fornecem capacidades que servem o utilizador e também fornecem uma plataforma para avaliação pelo utilizador.

- O desenvolvimento incremental é particularmente útil quando não há pessoal disponível para uma implementação completa dentro do prazo comercial estabelecido para o projeto

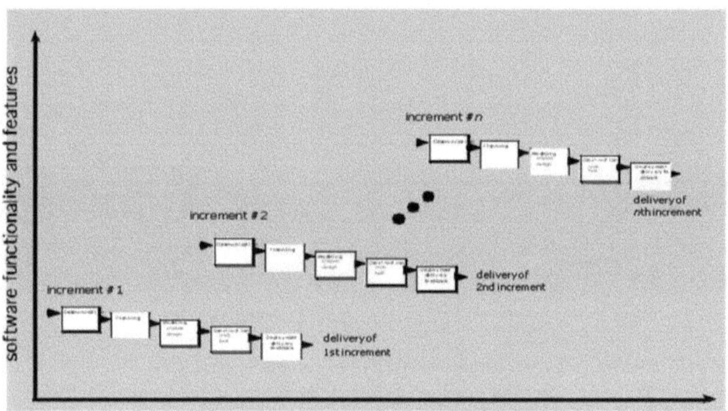

3. Modelos evolutivos de processos de software

  - Prototipagem

  - Modelo em espiral

  - Modelo de desenvolvimento simultâneo

- O sistema de software evolui ao longo do tempo, uma vez que os requisitos mudam frequentemente à medida que o desenvolvimento avança. Assim, não é possível uma linha reta para um produto final completo. No entanto, deve ser entregue uma versão limitada para responder à pressão da concorrência.

- Normalmente, um conjunto de requisitos essenciais do produto ou do sistema é bem compreendido, mas os pormenores e a extensão ainda têm de ser definidos.

- É necessário um modelo de processo que tenha sido explicitamente concebido para acomodar um produto que evoluiu ao longo do tempo.

- É iterativo, o que lhe permite desenvolver uma versão cada vez mais completa do software.

- São apresentados dois tipos, nomeadamente os modelos de prototipagem e em espiral.

<u>Modelos evolutivos: Prototipagem</u>

- Quando utilizar: O cliente define um conjunto de objectivos gerais, mas não identifica requisitos pormenorizados para funções e características. ou O programador pode não ter a certeza da eficiência de um algoritmo ou da forma que a interação homem-computador deve assumir.

- Que passo: Começa com a comunicação, através de uma reunião com as partes interessadas para definir o objetivo, identificar os requisitos conhecidos e delinear as áreas em que é necessária uma maior definição. É elaborado um plano rápido de prototipagem e modelação (conceção rápida). A conceção rápida centra-se na representação dos aspectos do software que serão visíveis para os utilizadores finais. (interface e saída). A conceção leva à construção de um protótipo que será implementado e avaliado. Os comentários das partes interessadas serão utilizados para aperfeiçoar os requisitos.

- Tanto as partes interessadas como os engenheiros de software gostam do paradigma da prototipagem. Os utilizadores têm uma ideia do sistema real e os programadores podem construir algo imediatamente. No entanto, os engenheiros podem fazer concessões para que um protótipo funcione rapidamente. A escolha menos que ideal pode ser adoptada para sempre depois de nos habituarmos a ela.

<u>A criação de protótipos pode ser problemática pelas seguintes razões</u>

- As partes interessadas vêem o que parece ser uma versão funcional do software, sem saberem que o protótipo está montado ao acaso, sem saberem que, na pressa de o pôr a funcionar, não se considerou a qualidade geral do software ou a possibilidade de manutenção a longo prazo.

- Como engenheiro de software, é frequente fazer compromissos de implementação para que um protótipo funcione rapidamente.

- Pode ser utilizado um sistema operativo ou uma linguagem de programação inadequados simplesmente porque estão disponíveis e são conhecidos;

- Um algoritmo ineficiente pode ser implementado simplesmente para demonstrar a sua capacidade. Ao fim de algum tempo, o utilizador pode sentir-se confortável com estas escolhas e esquecer todas as razões pelas quais elas eram inadequadas. A escolha menos do que ideal tornou-se agora parte integrante do sistema

<u>Modelos evolutivos: A espiral</u>

- Combina a natureza iterativa da prototipagem com os aspectos controlados e sistemáticos do modelo em cascata e é um gerador de modelos de processos orientados para o risco que é utilizado para orientar a engenharia simultânea de sistemas de software intensivos com múltiplos intervenientes.

- Duas características distintivas principais: uma é a abordagem cíclica para aumentar gradualmente o grau de definição e implementação de um sistema, diminuindo simultaneamente o seu grau de risco. A outra é um conjunto de marcos de referência para garantir o empenhamento dos intervenientes em soluções de sistema viáveis e mutuamente satisfatórias.

- É entregue uma série de versões evolutivas. Durante as primeiras iterações, a versão pode ser um modelo ou protótipo. Durante as iterações posteriores, são produzidas versões cada vez mais completas do sistema projetado.

- O primeiro circuito no sentido dos ponteiros do relógio pode resultar na especificação do produto; as passagens subsequentes em torno da espiral podem ser utilizadas para desenvolver um protótipo e depois versões progressivamente mais sofisticadas do software.

  - Cada passagem resulta em ajustamentos ao plano do projeto. O custo e o calendário são ajustados com base no feedback. Além disso, o número de iterações será ajustado pelo gestor do projeto.

  - É bom para desenvolver sistemas em grande escala, uma vez que o software evolui à medida que o processo avança e os riscos devem ser compreendidos e devidamente acautelados. A prototipagem é utilizada para reduzir os riscos.

  - No entanto, pode ser difícil convencer os clientes de que é controlável, uma vez que exige uma perícia considerável na avaliação dos riscos.

Modelo simultâneo

- Permitir que uma equipa de software represente elementos iterativos e concorrentes de qualquer um dos modelos de processo. Por exemplo, a atividade de modelação definida para o modelo em espiral é realizada invocando uma ou mais das seguintes acções: prototipagem, análise e conceção.

- A figura mostra que a modelação pode estar em qualquer um dos estados num determinado momento. Por exemplo, a atividade de comunicação completou a sua primeira iteração e encontra-se no estado de aguardar alterações. A atividade de modelação estava no estado inativo e agora passa para o estado em desenvolvimento. Se o cliente indicar alterações nos requisitos, a atividade de modelação passa do estado em desenvolvimento para o estado a aguardar alterações.

- A modelação simultânea é aplicável a todos os tipos de desenvolvimento de software e fornece uma imagem precisa do estado atual de um projeto. Em vez de limitar as actividades, acções e tarefas de engenharia de software a uma sequência de eventos, define uma rede de processos. Cada atividade, ação ou tarefa na rede existe simultaneamente com outras actividades, acções ou tarefas. Os eventos gerados num ponto desencadeiam transições entre os estados.

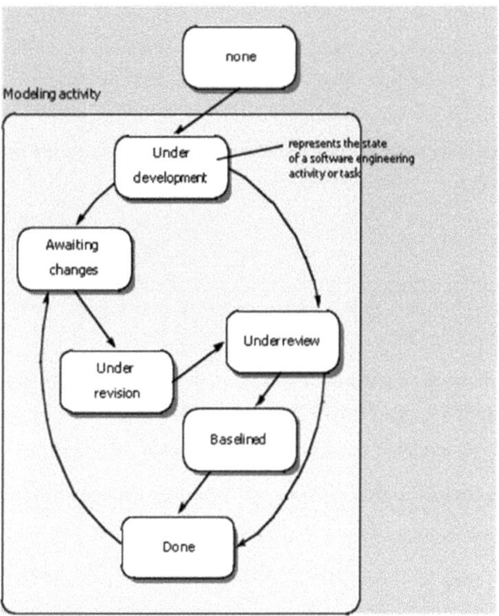

<u>Modelos de processos especializados</u>

Os modelos de processos especializados assumem muitas das características de um ou mais dos modelos tradicionais. No entanto, estes modelos tendem a ser aplicados quando se opta por uma abordagem de engenharia de software especializada ou estritamente definida.

- Desenvolvimento baseado em componentes

- O modelo de métodos formais

- Desenvolvimento de software orientado a aspectos

1. Desenvolvimento baseado em componentes:

Os componentes de software comerciais prontos a utilizar (COTS), desenvolvidos por fornecedores que os oferecem como produtos, fornecem uma funcionalidade específica com interfaces bem definidas que permitem a integração do componente no software a construir.

Estes componentes podem ser módulos de software convencionais ou pacotes orientados para objectos ou pacotes de classes

As etapas envolvidas no CBS são

- Os produtos baseados em componentes disponíveis são pesquisados e avaliados para o domínio de aplicação em questão.

- São consideradas questões de integração de componentes.

- Uma arquitetura de software é concebida para acomodar os componentes

- Os componentes são integrados na arquitetura

- Realização de testes exaustivos para garantir a funcionalidade correcta

- O modelo de desenvolvimento baseado em componentes conduz à reutilização de software e a reutilização ajuda os engenheiros de software com uma série de benefícios mensuráveis

- O desenvolvimento baseado em componentes conduz a uma redução de 70% no tempo do ciclo de desenvolvimento, a uma redução de 84% no custo do projeto e a um índice de produtividade de 26,2 em comparação com uma norma da indústria de 16,9

2. Modelo de métodos formais

- O modelo de métodos formais engloba um conjunto de actividades que conduzem à especificação matemática formal de software informático

- Permitem aos engenheiros de software especificar, desenvolver e verificar um sistema baseado em computador aplicando uma notação matemática rigorosa

- O desenvolvimento de modelos formais é bastante moroso e dispendioso

- É necessária uma formação alargada para a aplicação de métodos formais

- É difícil utilizar o modelo como um mecanismo de comunicação para clientes tecnicamente pouco sofisticados

3. Desenvolvimento de software orientado a aspectos

- A abordagem orientada para os aspectos baseia-se no princípio de identificar o código de programa comum em determinados aspectos e de colocar os procedimentos comuns fora da lógica comercial principal

- O processo de orientação para os aspectos e de desenvolvimento de software pode incluir a modelação, a conceção, a programação, a engenharia inversa e a reengenharia;

- O domínio da AOSD inclui aplicações, componentes e bases de dados;

- A interação e a integração com outros paradigmas são realizadas com a ajuda de estruturas, geradores, linguagens de programação e linguagens de descrição da arquitetura (ADL).

O processo unificado, os modelos de processo pessoal e de equipa

- O Processo Unificado é um processo <u>de desenvolvimento iterativo e incremental</u>. O Processo Unificado divide o projeto em quatro fases

  1. Incepção 2. Elaboração 3. Construção 4. Transição

- As fases de Incepção, Elaboração, Construção e Transição estão divididas numa série de iterações com tempo limitado. (A fase de Iniciação pode também ser dividida em iterações para um grande projeto).

- Cada iteração resulta num *incremento*, que é uma versão do sistema que contém funcionalidades acrescentadas ou melhoradas em comparação com a versão anterior.

- Embora a maioria das iterações inclua trabalho na maior parte das disciplinas do processo (*por exemplo,* requisitos, conceção, implementação, testes), o esforço relativo e a ênfase mudarão ao longo do projeto.

- Focado no risco

    - O Processo Unificado exige que a equipa do projeto se concentre na abordagem dos riscos mais críticos no início do ciclo de vida do projeto. Os resultados de cada iteração, especialmente na fase de Elaboração, devem ser seleccionados de forma a garantir que os maiores riscos são abordados em primeiro lugar. Foco no risco

- Fase de arranque

    - O início é a fase mais pequena do projeto e, idealmente, deve ser bastante curta. Se a fase de início for longa, é normalmente uma indicação de especificação inicial excessiva, o que é contrário ao espírito do Processo Unificado.

    - Os objectivos típicos da fase inicial são os seguintes

        - Estabelecer uma justificação ou um <u>argumento comercial</u> para o projeto

        - Estabelecer o âmbito do projeto e as condições de fronteira

        - Descrever os <u>casos de utilização</u> e os principais requisitos que determinarão as soluções de conceção

        - Delinear uma ou mais arquitecturas candidatas

        - Identificar os riscos

        - Preparar um calendário preliminar do projeto e uma estimativa de custos

    - O marco do objetivo do ciclo de vida marca o fim da fase de início.

- Fase de elaboração

    - Durante a fase de Elaboração, espera-se que a equipa de projeto capte a maioria dos requisitos do sistema. Os principais objectivos da Elaboração são abordar os factores de risco conhecidos e estabelecer e validar a arquitetura do sistema.

    - Os processos comuns realizados nesta fase incluem a criação de diagramas de casos de utilização, diagramas conceptuais (diagramas de classes apenas com notação básica) e diagramas de pacotes (diagramas de arquitetura).

    - A arquitetura é validada principalmente através da implementação de uma linha de base arquitetónica executável. Trata-se de uma implementação parcial do sistema que inclui os componentes principais e mais significativos do ponto de vista arquitetónico. É construída numa série de pequenas iterações, com intervalos de tempo.

    - No final da fase de Elaboração, a arquitetura do sistema deve ter estabilizado e a arquitetura de base executável deve demonstrar que a arquitetura suportará a funcionalidade chave do sistema e apresentará o comportamento correto em termos de desempenho, escalabilidade e custo.

    - O produto final da fase de Elaboração é um plano (incluindo estimativas de custo e de calendário) para a fase de Construção. Nesta fase, o plano deve ser preciso e credível, uma vez que se deve basear na experiência da fase de Elaboração e que os factores de risco significativos devem ter sido abordados durante a fase de Elaboração.

    - A etapa da arquitetura do ciclo de vida marca o fim da fase de elaboração.

- Fase de construção

    - A construção é a maior fase do projeto. Nesta fase, o resto do sistema é construído sobre as bases estabelecidas na Elaboração. As características do sistema são implementadas numa série de iterações curtas e com intervalos de tempo. Cada iteração resulta numa versão executável do software. É habitual escrever casos de utilização de texto completo durante a fase de construção e cada um deles torna-se o início de uma nova iteração.

- Os diagramas UML (Unified Modeling Language) comuns utilizados durante esta fase incluem diagramas de atividade, sequência, colaboração, estado (transição) e visão geral da interação.

- O marco de capacidade operacional inicial marca o fim da fase de construção.

- Fase de transição

  - A fase final do projeto é a Transição. Nesta fase, o sistema é implantado para os utilizadores-alvo. O feedback recebido de uma versão inicial (ou versões iniciais) pode resultar em mais aperfeiçoamentos a serem incorporados ao longo de várias iterações da fase de Transição. A fase de transição também inclui conversões do sistema e formação dos utilizadores.

  - O Marco de Lançamento do Produto marca o fim da fase de Transição.

Vantagens do desenvolvimento de software UP

- Trata-se de uma metodologia completa em si mesma, com ênfase na documentação exacta

- É capaz de resolver proactivamente os riscos do projeto associados à evolução das necessidades do cliente, o que exige uma gestão cuidadosa dos pedidos de alteração

- É necessário menos tempo para a integração, uma vez que o processo de integração decorre ao longo do ciclo de vida de desenvolvimento do software.

- O tempo de desenvolvimento necessário é menor devido à reutilização de componentes.

Desvantagens do desenvolvimento de software RUP

- Os membros da equipa têm de ser especialistas na sua área para desenvolver um software segundo esta metodologia.

- Nos projectos de ponta que utilizam novas tecnologias, a reutilização de componentes não será possível. Assim, a poupança de tempo que se poderia ter feito será impossível de concretizar.

- A integração ao longo do processo de desenvolvimento de software parece, em teoria, uma coisa boa. Mas, em projectos particularmente grandes, com vários fluxos de desenvolvimento, só irá aumentar a confusão e causar mais problemas durante as fases de teste

Modelos de processos pessoais e de equipa

- O melhor processo de software é aquele que está próximo das pessoas que vão fazer o trabalho. O modelo PSP define cinco actividades de enquadramento.

1. Processo de software pessoal (PSP)

Planeamento. Esta atividade isola os requisitos e desenvolve estimativas de dimensão e de recursos. Além disso, é efectuada uma estimativa dos defeitos. Todas as métricas são registadas em folhas de cálculo ou modelos. Finalmente, as tarefas de desenvolvimento são identificadas e é criado um calendário do projeto.

Conceção de alto nível. São desenvolvidas especificações externas para cada componente a ser construído e é criado um projeto de componente. Os protótipos são construídos quando existe incerteza. Todos os problemas são registados e acompanhados.

Revisão de alto nível do projeto. São aplicados métodos de verificação formal (Capítulo 21) para detetar erros no projeto. As métricas são mantidas para todas as tarefas importantes e resultados do trabalho.

Desenvolvimento. O projeto ao nível dos componentes é aperfeiçoado e revisto. O código é gerado, revisto, compilado e testado. As métricas são mantidas para todas as tarefas importantes e resultados do trabalho.

Postmortem. Utilizando as medidas e os indicadores recolhidos, determina-se a eficácia do processo. As medidas e os indicadores devem fornecer orientações para modificar o processo de modo a melhorar a sua eficácia.

2. Team Software Process (TSP): O objetivo do TSP é criar uma equipa de projeto "auto-dirigida" que se organize para produzir software de alta qualidade. Os objectivos do TSP são,

- Criar equipas auto-dirigidas que planeiem e acompanhem o seu trabalho, estabeleçam objectivos e sejam responsáveis pelos seus processos e planos. Estas podem ser equipas de software puro ou equipas de produtos integradas (IPT) de 3 a cerca de 20 engenheiros.

- Mostrar aos gestores como treinar e motivar as suas equipas e como ajudá-las a manter um desempenho máximo.

- Acelerar a melhoria do processo de software, tornando o comportamento CMM23 Nível 5 normal e esperado.

- Fornecer orientações de melhoria a organizações de elevada maturidade.

- Facilitar o ensino universitário de competências de equipa de nível industrial.

Gestão de projectos de software: Estimativa

A estimativa é uma tentativa de determinar quanto dinheiro, esforço, recursos e tempo serão necessários para construir um sistema ou projeto de software específico.

A estimativa implica responder às seguintes questões:

1. Quanto esforço é necessário para completar cada atividade?
2. Quanto tempo de calendário é necessário para completar cada atividade?
3. Qual é o custo total de cada atividade?

A estimativa de custos do projeto e a programação do projeto são normalmente realizadas em conjunto.

Os custos de desenvolvimento são essencialmente os custos do esforço envolvido, pelo que o cálculo do esforço é utilizado tanto na estimativa de custos como na estimativa de prazos.

Efetuar uma estimativa dos custos antes da elaboração de calendários pormenorizados.

Estas estimativas iniciais podem ser utilizadas para estabelecer um orçamento para o projeto ou para definir o preço do software para um cliente.

Há três parâmetros envolvidos no cálculo do custo total de um projeto de desenvolvimento de software:

- Custos de hardware e software, incluindo manutenção
- Despesas de deslocação e formação
- Custos de esforço (os custos de pagamento aos engenheiros de software).

Os custos seguintes fazem parte do custo total do esforço:

1. Custos de fornecimento, aquecimento e iluminação do espaço de escritórios
2. Custos do pessoal de apoio, como contabilistas, administradores, gestores de sistemas, empregados de limpeza e técnicos
3. Custos de ligação em rede e comunicações
4. Custos de instalações centrais, como uma biblioteca ou instalações recreativas
5. Custos da Segurança Social e das prestações sociais dos trabalhadores, tais como pensões e seguros de saúde.

Factores que afectam o preço do software

Factor	Description
Market opportunity	A development organisation may quote a low price because it wishes to move into a new segment of the software market. Accepting a low profit on one project may give the organisation the opportunity to make a greater profit later. The experience gained may also help it develop new products.
Cost estimate uncertainty	If an organisation is unsure of its cost estimate, it may increase its price by some contingency over and above its normal profit.
Contractual terms	A customer may be willing to allow the developer to retain ownership of the source code and reuse it in other projects. The price charged may then be less than if the software source code is handed over to the customer.
Requirements volatility	If the requirements are likely to change, an organisation may lower its price to win a contract. After the contract is awarded, high prices can be charged for changes to the requirements.
Financial health	Developers in financial difficulty may lower their price to gain a contract. It is better to make a smaller than normal profit or break even than to go out of business.

Introdução sobre a estimativa baseada em LOC e FP

Pontos de função:

- PASSO 1: medir a dimensão em termos da quantidade de funcionalidade num sistema. Os pontos de função são calculados começando por calcular uma *contagem de pontos de função não ajustada* (UFC). As contagens são efectuadas para as seguintes categorias

- *Entradas externas* - os itens fornecidos pelo utilizador que descrevem dados distintos orientados para a aplicação (como nomes de ficheiros e selecções de menus)
- *Saídas externas* - os itens fornecidos ao utilizador que geram dados distintos orientados para a aplicação (tais como relatórios e mensagens, e não os seus componentes individuais)
- *Pedidos de informação externos* - entradas interactivas que exigem uma resposta
- *Ficheiros externos* - interfaces legíveis por máquina para outros sistemas
- *Ficheiros internos* - ficheiros mestre lógicos no sistema

- PASSO 2: Multiplicar cada número por um fator de peso, de acordo com a complexidade (simples, média ou complexa) do parâmetro, associado a esse número. O valor é dado por uma tabela:

Parameter	simple	average	complex
users inputs	3	4	6
users outputs	4	5	7
users requests	3	4	6
files	7	10	15
external interfaces	5	7	10

- ETAPA 3: Calcular o total de UFP (pontos de função não ajustados)
- ETAPA 4: Calcular o FCT (Fator de Complexidade Técnica) total, atribuindo um valor entre 0 e 5 de acordo com a importância dos seguintes pontos:

- PASSO 5: Somar os números resultantes para obter o DI (grau de influência)
- PASSO 6: TCF (Fator de Complexidade Técnica), dado pela fórmula
    - $TCF=0,65+0,01*DI$
- PASSO 6: Os pontos de função são dados pela fórmula
    - $FP=UFP*TCF$

Relação entre LOC e FP

- $LOC = Fator\ língua * FP$
- onde
    - LOC (Linhas de Código)
    - PF (Pontos de Função)

O modelo COCOMO básico calcula o esforço como uma função do tamanho do programa. A equação básica do COCOMO é:

- $E = aKLOC^b$
- Esforço para três modos de COCOMO de base.

Modo	a	b
Orgânico	2.4	1.05
Geminada	3.0	1.12
Incorporado	3.6	1.20

- O modelo COCOMO intermédio calcula o esforço em função da dimensão do programa e de um conjunto de factores de custo. A equação do COCOMO intermediário é:
  - $E = aKLOC^b * EAF$
- Esforço para três modos de COCOMO intermédio.

Modo	a	b
Orgânico	2.4	1.05
Geminada	3.0	1.12
Incorporado	3.6	1.20

Total EAF = Produto dos factores seleccionados

Valor ajustado do esforço: Meses-pessoa ajustados:

APM = (Total EAF) * PM

Um processo de desenvolvimento consiste normalmente nas seguintes fases:
- Análise de requisitos
- Conceção (de alto nível + pormenorizada)
- Implementação e codificação
- Testes (unidade + integração)

Estimativa de erros
- Calcule o número estimado de erros na sua conceção, ou seja, o total de erros encontrados nos requisitos, nas especificações, no código, nos manuais do utilizador e nas más correcções:

– Ajustar o ponto de função calculado no passo 1

*AFP = FP ** 1,25*

– Utilizar o quadro seguinte para calcular as estimativas de erro

Tipo de erro	Erro / AFP
Requisitos	1
Conceção	1.25
Implementação	1.75
Documentação	0.6
Devido a correcções de erros	0.4

<u>Estimativa baseada em LOC</u>

- As linhas de código-fonte (SLOC), também conhecidas como linhas de código (LOC), são uma métrica de software utilizada para medir o tamanho de um programa de computador, contando o número de linhas no texto do código-fonte do programa.

- O SLOC é normalmente utilizado para prever a quantidade de esforço que será necessário para desenvolver um programa, bem como para estimar a produtividade da programação ou a capacidade de manutenção depois de o software ser produzido.

- As linhas utilizadas para comentar o código e o ficheiro de cabeçalho são ignoradas.

Dois tipos principais de LOC:

1. LOC físico

   - LOC físico é a contagem de linhas no texto do código fonte do programa, incluindo linhas de comentários.

   - As linhas em branco também são incluídas, a menos que as linhas de código de uma secção sejam compostas por mais de 25% de linhas em branco.

2. LOC lógico

   - O LOC lógico tenta medir o número de instruções executáveis, mas as suas definições específicas estão ligadas a linguagens informáticas específicas.

   - Ex: A medida de LOC lógico para linguagens de programação do tipo C é o número de pontos-e-vírgulas (;) que terminam a declaração

Os problemas das linhas de código (LOC)

- Diferentes linguagens conduzem a diferentes comprimentos de código

- Não é claro como contar as linhas de código

- Um gerador de relatórios, ecrãs ou GUI pode gerar milhares de linhas de código em minutos

- Dependendo da aplicação, a complexidade do código é diferente.

<u>Modelo COCOMO</u>

A estimativa de custos de software fornece:

- A ligação vital entre os conceitos e técnicas gerais da análise económica e o mundo particular da engenharia de software.

- As técnicas de estimativa dos custos do software constituem também uma parte essencial da base para uma boa gestão do software.

Custo de um projeto

- O custo de um projeto deve-se a:

    - devido às necessidades de software, hardware e recursos humanos

    - o custo do desenvolvimento de software deve-se aos recursos humanos necessários

    - a maioria das estimativas de custos é medida em *pessoas-mês (PM)*

    - o custo do projeto depende da natureza e das características do projeto, em qualquer momento, a exatidão da estimativa dependerá da quantidade de informação fiável que temos sobre o produto final.

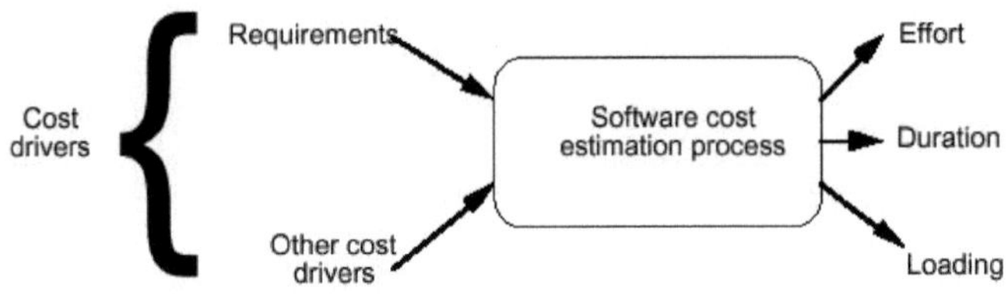

Figure 1. Classical view of software estimation process.

O Constructive Cost Model (COCOMO) é o modelo de estimativa de software mais utilizado no mundo. O modelo COCOMO prevê o esforço e a duração de um projeto com base em dados relativos à dimensão dos sistemas resultantes e a uma série de "factores de custo" que afectam a produtividade.

- Equação de esforço

    - $PM = C * (KDSI)^n$ (pessoas-mês)

        - em que PM = número de pessoas-mês (=152 horas de trabalho),

        - C = uma constante,

        - KDSI = milhares de "instruções de origem fornecidas" (DSI) e

        - n = uma constante.

- Equação da produtividade

    - (DSI) / (PM)

        - em que PM = número de pessoas-mês (=152 horas de trabalho),

        - DSI = "instruções de origem fornecidas"

- Equação do calendário

- $TDEV = C * (PM)^n$ (meses)
  - em que TDEV = número de meses estimado para o desenvolvimento do software.

- Equação de pessoal médio
  - (PM) / (TDEV) (FSP)
    - em que FSP significa Full-time-equivalent Software Personnel (pessoal de software equivalente a tempo inteiro).

O COCOMO é definido em função de três modelos diferentes:

- Modelo de base,
- Modelo intermédio, e
- Modelo pormenorizado.

- Os modelos mais complexos têm em conta mais factores que influenciam os projectos de software e fazem estimativas mais precisas.

- Os factores mais importantes que contribuem para a duração e o custo de um projeto são o modo de desenvolvimento
  - Modo orgânico: O projeto é desenvolvido num ambiente familiar e estável, e o produto é semelhante a produtos desenvolvidos anteriormente. O produto é relativamente pequeno e requer pouca inovação.
  - Modo Geminado: As características do projeto são intermédias entre o Orgânico e o Integrado.
  - Modo incorporado: O projeto caracteriza-se por restrições apertadas e inflexíveis e por requisitos de interface. Um projeto em modo integrado exigirá uma grande dose de inovação.

Característica	Orgânico	Geminada	Incorporado
Compreensão organizacional do produto e dos objectivos	Completa	Considerável	Geral
Experiência de trabalho com sistemas de software conexos	Extensivo	Considerável	Moderado
Necessidade de conformidade do software com requisitos pré-estabelecidos	Básico	Considerável	Completo
Necessidade de conformidade do software com as especificações da interface externa	Básico	Considerável	Completo
Desenvolvimento simultâneo de novo hardware e procedimentos operacionais associados	Alguns	Moderado	Extensivo
Necessidade de arquitecturas e algoritmos inovadores para o processamento de dados	Mínimo	Alguns	Considerável
Prémio por conclusão antecipada	Baixa	Médio	Elevado
Gama de tamanhos do produto	<50 KDSI	<300KDSI	Todos

CALENDÁRIO:

✓ Seleccionou um modelo de processo adequado.

✓ Identificou as tarefas de engenharia de software que têm de ser executadas.

✓ Calculou o volume de trabalho e o número de pessoas, conhece o prazo e até considerou os riscos.

✓ Agora é altura de ligar os pontos. Ou seja, tem de criar uma rede de tarefas de engenharia de software que lhe permita realizar o trabalho a tempo.

✓ Uma vez criada a rede, é necessário atribuir responsabilidades a cada tarefa, garantir a sua execução e adaptar a rede à medida que os riscos se tornam realidade.

- Porque é que é importante?

    ✓ Para construir um sistema complexo, muitas tarefas de engenharia de software ocorrem em paralelo.

    ✓ O resultado do trabalho realizado durante uma tarefa pode ter um efeito profundo no trabalho a realizar noutra tarefa.

    ✓ Estas interdependências são muito difíceis de compreender sem um calendário.

    ✓ É também praticamente impossível avaliar o progresso de um projeto de software de dimensão moderada ou grande sem um calendário detalhado

- Quais são as etapas?

    ✓ As tarefas de engenharia de software ditadas pelo modelo de processo de software são refinadas para a funcionalidade a ser construída.

    ✓ O esforço e a duração são atribuídos a cada tarefa e é criada uma rede de tarefas (também designada por "rede de actividades") de forma a permitir que a equipa de software cumpra o prazo de entrega estabelecido.

Conceito básico de programação de projectos

✓ Um prazo irrealista estabelecido por alguém fora do grupo de desenvolvimento de software e imposto aos gestores e profissionais do grupo.

✓ Alteração das necessidades dos clientes que não se reflectem nas alterações de calendário.

✓ Uma subestimação honesta da quantidade de esforço e/ou do número de recursos que serão necessários para realizar o trabalho.

✓ Riscos previsíveis e/ou imprevisíveis que não foram considerados no início do projeto.

✓ Dificuldades técnicas que não poderiam ter sido previstas antecipadamente.

- Porque havemos de o fazer quando a direção exige que façamos um prazo impossível?

    ✓ Realizar uma estimativa detalhada utilizando dados históricos de projectos anteriores.

    ✓ Determinar o esforço e a duração estimados para o projeto.

    ✓ Utilizando um modelo de processo incremental, desenvolva uma estratégia de engenharia de software que forneça funcionalidades críticas no prazo imposto, mas adie outras funcionalidades para mais tarde. Documentar o plano.

✓ Reúna-se com o cliente e (utilizando a estimativa pormenorizada), explique por que razão o prazo imposto não é realista.

I.   Princípios básicos

II. A relação entre as pessoas e o esforço

III. Distribuição do esforço

- A calendarização de projectos de software é uma ação que distribui o esforço estimado ao longo da duração planeada do projeto, atribuindo o esforço a tarefas específicas de engenharia de software.

- Durante as fases iniciais do planeamento do projeto, é desenvolvido um calendário macroscópico.

- À medida que o projeto avança, cada entrada no calendário macroscópico é transformada num calendário detalhado.

1. Princípios básicos da calendarização de projectos.

1. **Compartimentação:** O projeto deve ser compartimentado num número de actividades e tarefas geríveis. Para conseguir a compartimentação, tanto o produto como o processo são refinados.

2. **Interdependência:** Deve ser determinada a interdependência de cada atividade ou tarefa compartimentada. Algumas tarefas devem ocorrer em sequência, enquanto outras podem ocorrer em paralelo. Outras actividades podem ocorrer de forma independente.

3. **Atribuição de tempo:** A cada tarefa a programar deve ser atribuído um determinado número de unidades de trabalho (por exemplo, dias-pessoa de esforço). Além disso, a cada tarefa deve ser atribuída uma data de início e uma data de conclusão. Se o trabalho será realizado a tempo inteiro ou a tempo parcial.

4. **Validação do esforço:** Cada projeto tem um número definido de pessoas na equipa de software. O gestor de projeto deve garantir que, num determinado momento, não foram agendadas mais pessoas do que o número atribuído.

5. **Responsabilidades definidas.** Cada tarefa programada deve ser atribuída a um membro específico da equipa.

6. **Resultados definidos:** Cada tarefa programada deve ter um resultado definido. Para projectos de software, o resultado é normalmente um produto de trabalho (por exemplo, a conceção de um componente) ou uma parte de um produto de trabalho. Os produtos de trabalho são frequentemente combinados em produtos finais.

7. **Marcos definidos:** Cada tarefa ou grupo de tarefas deve estar associado a um marco do projeto. Uma etapa é cumprida quando um ou mais produtos de trabalho foram revistos quanto à qualidade e foram aprovados.

Cada um destes princípios é aplicado à medida que o calendário do projeto evolui.

2. A relação entre as pessoas e o esforço

- Num pequeno projeto de desenvolvimento de software, uma única pessoa pode analisar os requisitos, efetuar a conceção, gerar código e realizar testes. À medida que a dimensão de um projeto aumenta, é necessário envolver mais pessoas.

- Há um mito comum que ainda é acreditado por muitos gestores responsáveis por projectos de desenvolvimento de software: "Se nos atrasarmos, podemos sempre adicionar mais programadores e recuperar o atraso mais tarde no projeto."

- Infelizmente, adicionar pessoas numa fase tardia de um projeto tem muitas vezes um efeito perturbador no projeto, fazendo com que os prazos se atrasem ainda mais. As pessoas que são adicionadas têm de aprender o sistema, e as pessoas que as ensinam são as mesmas que estavam a fazer o trabalho.

- Enquanto se ensina, não se trabalha e o projeto fica mais atrasado. Para além do tempo necessário para aprender o sistema, mais pessoas.

- Embora a comunicação seja absolutamente essencial para o sucesso do desenvolvimento de software, cada nova via de comunicação exige um esforço adicional e, por conseguinte, mais tempo.

3. Distribuição do esforço

- Uma distribuição recomendada do esforço ao longo do processo de software é muitas vezes referida como a regra 40-20-40.

- Quarenta por cento de todo o esforço é atribuído à análise e conceção do front-end. Uma percentagem semelhante é aplicada aos testes de back-end. Pode inferir-se corretamente que a codificação (20% do esforço) é menosprezada.

- O trabalho despendido no planeamento de projectos raramente representa mais de 2 a 3 por cento do esforço, a menos que o plano comprometa uma organização com grandes despesas de alto risco.

- A comunicação com o cliente e a análise dos requisitos podem representar 10 a 25 por cento do esforço do projeto.

- O esforço despendido na análise ou na criação de protótipos deve aumentar em proporção direta com a dimensão e a complexidade do projeto.

- Um intervalo de 20 a 25 por cento do esforço é normalmente aplicado à conceção do software. O tempo gasto na revisão do projeto e na iteração subsequente também deve ser considerado.

- Devido ao esforço aplicado à conceção do software, o código deve seguir-se com relativamente pouca dificuldade.

- É possível atingir uma percentagem de 15 a 20 por cento do esforço global. Os testes e a subsequente depuração podem representar 30 a 40 por cento do esforço de desenvolvimento de software.

- O carácter crítico do software determina frequentemente a quantidade de testes necessários. Se o software for de importância humana (ou seja, uma falha do software pode resultar em perda de vidas), são típicas percentagens ainda mais elevadas.

- A calendarização de um projeto de software não difere muito da calendarização de qualquer esforço de engenharia multitarefa. Por conseguinte, as ferramentas e técnicas generalizadas de programação de projectos podem ser aplicadas com poucas alterações aos projectos de software.

- A técnica de avaliação e revisão de programas (PERT) e o método do caminho crítico (CPM) são dois métodos de calendarização de projectos que podem ser aplicados ao desenvolvimento de software.

1. Gráficos de linha do tempo:

- Ao criar um calendário de projeto de software, comece com um conjunto de tarefas.

- Se forem utilizadas ferramentas automatizadas, a repartição do trabalho é introduzida como uma rede de tarefas ou um esquema de tarefas. O esforço, a duração e a data de início são então introduzidos para cada tarefa. Além disso, as tarefas podem ser atribuídas a indivíduos específicos.

- Como consequência desta entrada, é gerado um gráfico de linhas temporais, também designado por gráfico de Gantt.

- Pode ser elaborado um diagrama de tempo para todo o projeto. Em alternativa, podem ser desenvolvidos diagramas separados para cada função do projeto ou para cada indivíduo que trabalhe no projeto.

- Todas as tarefas do projeto (para a delimitação do âmbito do conceito) estão listadas na coluna da esquerda. As barras horizontais indicam a duração de cada tarefa. Quando várias barras ocorrem ao mesmo tempo no calendário, está implícita a simultaneidade de tarefas. Os losangos indicam os objectivos intermédios.

- Uma vez introduzidas as informações necessárias para a geração de um diagrama de linha do tempo, a maioria das ferramentas de software de planeamento de projectos produz tabelas de projectos. -Uma listagem tabular de todas as tarefas do projeto, as suas datas de início e fim planeadas e reais, e uma variedade de informações relacionadas. Utilizadas em conjunto com o diagrama de tempo, as tabelas de projeto permitem acompanhar o progresso.

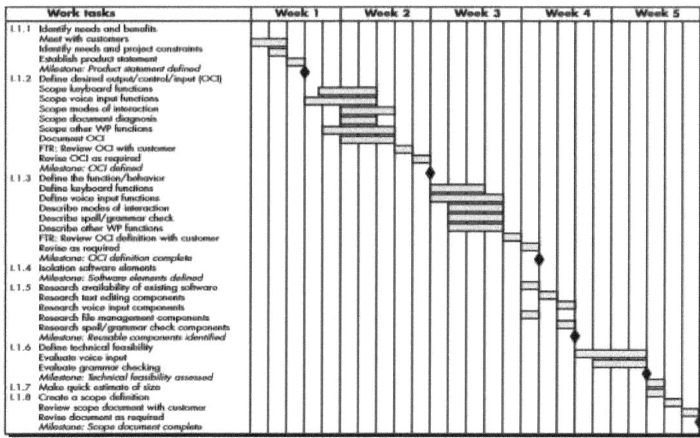

2. Acompanhamento do calendário

- Se tiver sido corretamente desenvolvido, o calendário do projeto torna-se um roteiro que define as tarefas e as etapas a seguir e a controlar à medida que o projeto avança.

- O rastreio pode ser efectuado de várias formas diferentes:

- Realização de reuniões periódicas sobre o estado do projeto, nas quais cada membro da equipa comunica os progressos e os problemas.

- Avaliar os resultados de todas as revisões efectuadas ao longo do processo de engenharia de software.

- Determinar se as etapas formais do projeto foram cumpridas na data prevista.

- Comparação da data de início real com a data de início planeada para cada tarefa de projeto listada na tabela de recursos.

- Reunir-se informalmente com os profissionais para obter a sua avaliação subjectiva dos progressos realizados até à data e dos problemas que se perfilam no horizonte.

- Utilizar a análise do valor acrescentado para avaliar quantitativamente o progresso.

 Na realidade, todas estas técnicas de acompanhamento são utilizadas por gestores de projectos experientes.

3. Acompanhamento do progresso de um projeto OO

Marco técnico: Análise OO concluída

- o   Todas as classes hierárquicas definidas e revistas

- o   Os atributos e operações de classe são definidos e revistos

- o   Relações de classe definidas e revistas

- o   Modelo comportamental definido e revisto

- o   Reutilizável classificado identificado

Marco técnico: Conceção OO concluída

- o   Subsistemas definidos e revistos

- o   Classes atribuídas aos subsistemas e revistas

- o   A atribuição de tarefas foi estabelecida e revista

- o   Foram identificadas as responsabilidades e as colaborações

- o   Os atributos e as operações foram concebidos e revistos

- o   O modelo de comunicação foi criado e revisto

Marco técnico: Programação OO concluída

- o   Cada nova classe de modelo de conceção foi implementada

- o   As classes extraídas da biblioteca de reutilização foram implementadas

- o   O protótipo ou incremento foi construído

Marco técnico: Testes OO

- o   A correção e o carácter exaustivo dos modelos OOA e OOD foram revistos o   A rede de colaboração de responsabilidade de classe foi desenvolvida e revista

o   Os casos de teste foram concebidos e foram efectuados testes a nível de classe para cada classe

o   Os casos de teste foram concebidos, os testes de cluster foram concluídos e as classes foram integradas

o   Os testes a nível do sistema estão concluídos

Agendamento de projectos WebApp

- O agendamento do projeto WebApp distribui o esforço estimado pela linha de tempo planeada (duração) para construir cada incremento da WebApp.

- Isto é conseguido através da afetação do esforço a tarefas específicas.

- O calendário geral da WebApp evolui ao longo do tempo.

- Durante a primeira iteração, é desenvolvido um programa macroscópico.

- Este tipo de calendário identifica todos os incrementos da WebApp e projecta as datas em que cada um será implantado.

- À medida que o desenvolvimento de um incremento é iniciado, a entrada para o incremento no programa macroscópico é refinada num programa detalhado.

- Aqui, são identificadas e programadas tarefas de desenvolvimento específicas (necessárias para realizar uma atividade).

ANÁLISE DO VALOR ACRESCENTADO:

- É razoável perguntar se existe uma técnica quantitativa para avaliar o progresso à medida que a equipa de software avança nas tarefas de trabalho atribuídas ao calendário do projeto.

- Existe uma técnica para efetuar uma análise quantitativa do progresso. Chama-se análise do valor acrescentado (EVA).

- Para determinar o valor ganho, são executadas as seguintes etapas:

1. O custo orçamentado do trabalho programado (BCWS) é determinado para cada tarefa de trabalho representada no calendário. Durante a estimativa, o trabalho (em pessoas-hora ou pessoas-dias) de cada tarefa de engenharia de software é planeado. Assim, BCWSi é o esforço planeado para a tarefa de trabalho i. Para determinar o progresso num determinado ponto ao longo do calendário do projeto, o valor de BCWS é a soma dos valores BCWSi para todas as tarefas de trabalho que deveriam ter sido concluídas até esse ponto no calendário do projeto.

2. Os valores BCWS para todas as tarefas de trabalho são somados para obter o orçamento na conclusão (BAC). Assim, o BAC (BCWSk) para todas as tarefas k

3. Em seguida, é calculado o valor do custo orçado do trabalho realizado (BCWP). O valor do BCWP é a soma dos valores do BCWS para todas as tarefas de trabalho que foram realmente concluídas num determinado momento do calendário do projeto.

- Dados os valores de BCWS, BAC e BCWP, podem ser calculados importantes indicadores de progresso:

$$\text{Índice de desempenho do calendário, } SPI = BCWP / BCWS$$

$$\text{Desvio de programação, } SV = BCWP - BCWS$$

- O SPI é uma indicação da eficiência com que o projeto está a utilizar os recursos programados. Um valor de SPI próximo de 1,0 indica uma execução eficiente do calendário do projeto. SV é simplesmente uma indicação absoluta da variação em relação ao calendário planeado.

- Percentagem prevista para a conclusão = BCWS / BAC

fornece uma indicação da percentagem de trabalho que deveria ter sido concluída no momento t.

- Percentagem de conclusão = BCWP / BAC

fornece uma indicação quantitativa da percentagem de conclusão do projeto num determinado momento t. Também é possível calcular o custo real do trabalho realizado (ACWP). O valor do ACWP é a soma do esforço efetivamente despendido nas tarefas de trabalho que foram concluídas num determinado momento do calendário do projeto. É então possível calcular

$$\text{Índice de desempenho dos custos, } IPC = BCWP / ACWP$$

$$\text{Desvio de custos, } CV = BCWP - ACWP$$

Um valor de IPC próximo de 1,0 fornece uma forte indicação de que o projeto está dentro do seu orçamento definido. O CV é uma indicação absoluta da poupança de custos (em relação aos custos previstos) ou do défice numa determinada fase do projeto.

GESTÃO DOS RISCOS DO CONCURSO PÚBLICO:

Um Perigo é

Qualquer condição real ou potencial que possa causar ferimentos, doenças ou morte ao pessoal; danos ou perda de um sistema, equipamento ou propriedade; ou danos ao ambiente. Mais simples.... Uma ameaça de dano. Um perigo pode levar a uma ou várias consequências.

Um risco é

- A expetativa de uma perda ou dano (consequência)
- A gravidade e a probabilidade combinadas de uma perda
- A taxa de perda a longo prazo

Um problema potencial (conducente a uma perda) que pode - ou não - ocorrer no futuro.

- A gestão de riscos é um conjunto de práticas e ferramentas de apoio para identificar, analisar e tratar os riscos de forma explícita.

- Tratar um risco significa compreendê-lo melhor, evitá-lo ou reduzi-lo (atenuação do risco), ou preparar-se para a sua concretização.

- A gestão do risco procura reduzir a probabilidade de ocorrência de um risco e o impacto (perda) causado pelos riscos.

Estratégias de risco reactivas versus proactivas

- ➢ Riscos de software

- ➢ Estratégias de risco reactivas versus proactivas

- A maioria das equipas de software confia apenas em estratégias de risco reactivas. Na melhor das hipóteses, uma estratégia reactiva monitoriza o projeto para detetar riscos prováveis. São reservados recursos para lidar com eles, caso se tornem problemas reais.

- A equipa de software não faz nada em relação aos riscos até que algo corra mal. Então, a equipa entra em ação numa tentativa de corrigir o problema rapidamente. Isto é muitas vezes chamado de modo de combate a incêndios.

- Uma estratégia consideravelmente mais inteligente para a gestão do risco é ser proactivo.

- Uma estratégia proactiva começa muito antes do início do trabalho técnico. Os riscos potenciais são identificados, a sua probabilidade e impacto são avaliados e são ordenados por importância. Em seguida,

- A equipa de software estabelece um plano para gerir o risco. O objetivo principal é evitar o risco, mas como nem todos os riscos podem ser evitados, a equipa trabalha para desenvolver um plano de contingência que lhe permita responder de forma controlada e eficaz.

O risco apresenta sempre duas características:

- O risco envolve sempre duas características: incerteza - o risco pode ou não acontecer; ou seja, não há riscos 100% prováveis - e perda - se o risco se tornar realidade, ocorrerão consequências ou perdas indesejadas.

- Quando os riscos são analisados, é importante quantificar o nível de incerteza e o grau de perda associado a cada risco.

As diferentes categorias de riscos são as seguintes:

1. *Riscos do projeto*

    - ❖ Ameaçar o plano do projeto. Ou seja, se os riscos do projeto se tornarem reais, é provável que o calendário do projeto sofra uma derrapagem e que os custos aumentem.

    - ❖ Os riscos do projeto identificam potenciais problemas orçamentais, de calendário, de pessoal (pessoal e organização), de recursos, de partes interessadas e de requisitos e o seu impacto num projeto de software.

2. *Riscos técnicos*

    - ❖ Ameaçar a qualidade e a atualidade do software a produzir.

❖ Se um risco técnico se tornar uma realidade, a implementação pode tornar-se difícil ou impossível. Os riscos técnicos identificam potenciais problemas de conceção, implementação, interface, verificação e manutenção.

❖ Além disso, a ambiguidade das especificações, a incerteza técnica, a obsolescência técnica e a tecnologia "de ponta" são também factores de risco. Os riscos técnicos ocorrem porque o problema é mais difícil de resolver do que se pensava.

3. Riscos empresariais

❖ Os riscos comerciais ameaçam a viabilidade do software a construir e põem frequentemente em causa o projeto ou o produto.

❖ Os candidatos aos cinco principais riscos empresariais são

1. construir um excelente produto ou sistema que ninguém quer realmente (risco de mercado)

2. construir um produto que já não se enquadra na estratégia comercial global da empresa (risco estratégico)

3. construir um produto que a equipa de vendas não sabe como vender (risco de vendas)

4. perder o apoio dos quadros superiores devido a uma mudança de orientação ou de pessoas (risco de gestão)

5. perda de autorizações orçamentais ou de pessoal (riscos orçamentais).

Outra categorização geral dos riscos foi proposta por Charette.

1. *Os riscos conhecidos* são aqueles que podem ser descobertos após uma avaliação cuidadosa do plano do projeto, do ambiente comercial e técnico em que o projeto está a ser desenvolvido e de outras fontes de informação fiáveis (por exemplo, data de entrega irrealista, falta de requisitos documentados ou âmbito do software, ambiente de desenvolvimento deficiente).

2. Os riscos *previsíveis* são extrapolados a partir da experiência de projectos anteriores (por exemplo, rotatividade do pessoal, má comunicação com o cliente, diluição do esforço do pessoal à medida que os pedidos de manutenção em curso são atendidos).

3. *Os riscos imprevisíveis* são o joker do baralho. Eles podem ocorrer e ocorrem, mas são extremamente difíceis de identificar com antecedência.

MÓDULO-II

ANÁLISE E ESPECIFICAÇÃO DE REQUISITOS

Requisitos de software: Funcional e não funcional, requisitos do utilizador, requisitos do sistema, documento de requisitos de software; Processo de engenharia de requisitos: Estudos de viabilidade, elicitação e análise de requisitos, validação de requisitos, gestão de requisitos; Análise clássica: Análise estruturada de sistemas, redes de Petri, dicionário de dados.

<u>Requisitos funcionais e não funcionais:</u>

O IEEE define requisito como:

1. Uma condição ou capacidade necessária a um utilizador para resolver um problema ou atingir um objetivo

2. Uma condição ou capacidade que deve ser satisfeita ou possuída por um sistema ou um componente do sistema para satisfazer um contrato, norma, especificação ou documento formalmente imposto

3. Uma representação documentada de uma condição ou capacidade como em 1 ou 2

- Os requisitos podem variar desde uma declaração abstrata de alto nível de um serviço ou de uma restrição do sistema até uma especificação funcional matemática pormenorizada.

- Os requisitos podem ter uma dupla função

    - Pode constituir a base de uma proposta para um contrato - por conseguinte, deve estar aberta à interpretação

    - Pode constituir a base do próprio contrato, pelo que deve ser definido em pormenor

"Se uma empresa pretende adjudicar um contrato para um grande projeto de desenvolvimento de software, deve definir as suas necessidades de uma forma suficientemente abstrata para que a solução não seja pré-definida. Os requisitos devem ser redigidos de modo a que vários contratantes possam concorrer ao contrato, oferecendo, talvez, diferentes formas de satisfazer as necessidades da organização cliente. Uma vez adjudicado o contrato, o contratante deve redigir uma definição do sistema mais pormenorizada para o cliente, para que este compreenda e possa validar o que o software irá fazer. Estes dois documentos podem ser designados por *documento de requisitos* do sistema."

REQUISITOS FUNCIONAIS:

- Declarações dos serviços que o sistema deve fornecer, como o sistema deve reagir a determinadas entradas e como o sistema deve comportar-se em determinadas situações.

- Um requisito funcional define uma função de um sistema de software ou do seu componente.

- Uma função é descrita como um conjunto de entradas, o comportamento e as saídas.

- Os requisitos funcionais podem ser cálculos, pormenores técnicos, manipulação e processamento de dados e outras funcionalidades específicas que definem *o que* um sistema deve realizar.

- Os requisitos comportamentais que descrevem todos os casos em que o sistema utiliza os requisitos funcionais são registados em *casos de utilização*

- Os requisitos funcionais orientam a arquitetura da aplicação de um sistema

- O plano de implementação dos requisitos *funcionais* é pormenorizado na conceção do sistema.

REQUISITOS NÃO FUNCIONAIS

- Um requisito não funcional é um requisito que especifica critérios que podem ser utilizados para avaliar o funcionamento de um sistema, em vez de comportamentos específicos

- O plano de implementação dos requisitos não funcionais é pormenorizado na arquitetura do sistema.

- Os requisitos não funcionais são frequentemente designados por qualidades de um sistema. Outros termos para os requisitos não funcionais são "restrições", "atributos de qualidade", "objectivos de qualidade", "requisitos de qualidade do serviço" e "requisitos não comportamentais

- Estes definem as propriedades e os condicionalismos do sistema, por exemplo, a fiabilidade, o tempo de resposta e os requisitos de armazenamento. Os condicionalismos são a capacidade dos dispositivos de E/S, as representações do sistema, etc.

- Os requisitos do processo também podem ser especificados, exigindo um determinado sistema CASE, linguagem de programação ou método de desenvolvimento.

- Os requisitos não funcionais podem ser mais críticos do que os requisitos funcionais. Se estes não forem cumpridos, o sistema pode tornar-se inútil.

REQUISITOS NÃO FUNCIONAIS

- Um requisito não funcional é um requisito que especifica critérios que podem ser utilizados para avaliar o funcionamento de um sistema, em vez de comportamentos específicos

- O plano de implementação dos requisitos não funcionais é pormenorizado na arquitetura do sistema.

- Os requisitos não funcionais são frequentemente designados por qualidades de um sistema. Outros termos para os requisitos não funcionais são "restrições", "atributos de qualidade", "objectivos de qualidade", "requisitos de qualidade do serviço" e "requisitos não comportamentais

- Estes definem as propriedades e os condicionalismos do sistema, por exemplo, a fiabilidade, o tempo de resposta e os requisitos de armazenamento. Os condicionalismos são a capacidade dos dispositivos de E/S, as representações do sistema, etc.

- Os requisitos do processo também podem ser especificados, exigindo um determinado sistema CASE, linguagem de programação ou método de desenvolvimento.

- Os requisitos não funcionais podem ser mais críticos do que os requisitos funcionais. Se estes não forem cumpridos, o sistema pode tornar-se inútil.

Classificações de requisitos não funcionais

- Requisitos do produto
    - Requisitos que especificam que o produto fornecido deve comportar-se de uma

determinada forma, por exemplo, velocidade de execução, fiabilidade, etc.

- Requisitos organizacionais

    - Requisitos que são uma consequência das políticas e procedimentos organizacionais, por exemplo, normas de processo utilizadas, requisitos de implementação, etc.

- Requisitos externos

    - Requisitos decorrentes de factores externos ao sistema e ao seu processo de desenvolvimento, por exemplo, requisitos de interoperabilidade, requisitos legislativos, etc.

- Tipos de requisitos não funcionais

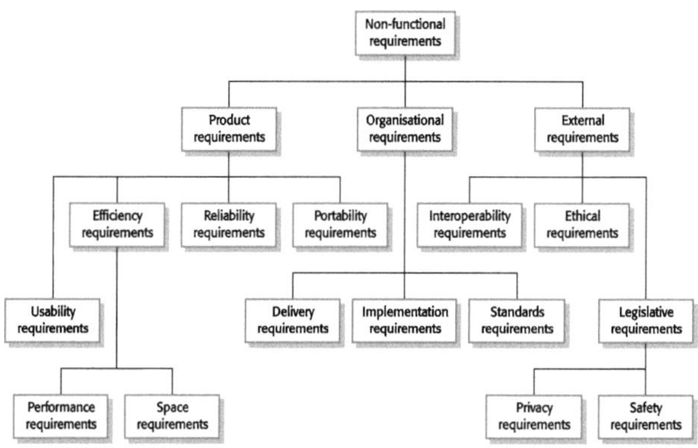

Exemplos de requisitos não funcionais

- Requisitos do produto

    A interface do utilizador para o sistema deve ser implementada como HTML simples sem frames ou applets Java.

- Requisitos organizacionais

    O processo de desenvolvimento do sistema e os documentos a entregar devem estar em conformidade com o processo e os documentos a entregar definidos no XYZCo-SP-STAN-95.

- Exigência externa

    O sistema não divulgará aos operadores do sistema quaisquer informações pessoais sobre os clientes, para além do seu nome e número de referência.

Imóveis	Medida
Velocidade	Transacções processadas/segundo Tempo de resposta do utilizador/evento Tempo de atualização do ecrã
Tamanho	M Bytes Número de chips ROM
Facilidade de utilização	Tempo de formação Número de quadros de ajuda
Fiabilidade	Tempo médio até à falha Probabilidade de indisponibilidade Taxa de ocorrência de falhas Disponibilidade
Robustez	Tempo para reiniciar após uma falha Percentagem de eventos que causam falhas Probabilidade de corrupção de dados em caso de falha
Portabilidade	Percentagem de declarações dependentes de objectivos Número de sistemas alvo

Requisitos do utilizador e requisitos do sistema:

Requisitos comerciais:

- Um objetivo comercial de alto nível da organização que constrói um produto ou de um cliente que o adquire

- Geralmente declarado pelo proprietário da empresa ou patrocinador do projeto
    - Exemplo: É necessário um sistema para registar a assiduidade dos empregados
    - É necessário um sistema para contabilizar o inventário da organização

Conteúdo dos requisitos comerciais:

- Objetivo, âmbito interno, âmbito externo, públicos-alvo

- Diagramas de casos de utilização

- Requisitos de dados

- Requisitos não funcionais

- Requisitos de interface

- Limitações

- Riscos

- Pressupostos

- Requisitos de comunicação

* Listas de controlo

Requisitos do utilizador

* Um requisito do utilizador refere-se a uma função que o utilizador requer que um sistema desempenhe.

* Realizado através de declarações em linguagem natural e diagramas dos serviços que o sistema fornece e das suas restrições operacionais. Escrito para os clientes.

* Os requisitos do utilizador são definidos pelo cliente e confirmados antes do desenvolvimento do sistema.

  - Por exemplo, num sistema para um banco, o utilizador pode necessitar de uma função para calcular os juros durante um determinado período de tempo.

Requisitos do sistema

* Um requisito de sistema é um requisito mais técnico, frequentemente relacionado com o hardware ou software necessário para o funcionamento de um sistema.

  - Os requisitos do sistema podem ser algo como - "O sistema deve ser executado num servidor com IIS

  - Os requisitos do sistema podem também incluir requisitos de validação, tais como "O carregamento de ficheiros está limitado ao formato .xls

* Os requisitos do sistema são mais frequentemente utilizados pelos programadores ao longo do ciclo de vida do desenvolvimento. O cliente terá normalmente menos interesse nestes requisitos de nível inferior.

* Um documento estruturado que apresenta descrições pormenorizadas das funções, dos serviços e dos condicionalismos operacionais do sistema.

O documento de especificações de requisitos de software (SRS)

* O documento de requisitos é a declaração oficial do que é exigido aos criadores do sistema.

* Deve incluir uma definição dos requisitos do utilizador e uma especificação dos requisitos do sistema.

* NÃO é um documento de conceção. Na medida do possível, deve definir O QUE o sistema deve fazer e não COMO o deve fazer.

Utilizadores de um documento de requisitos

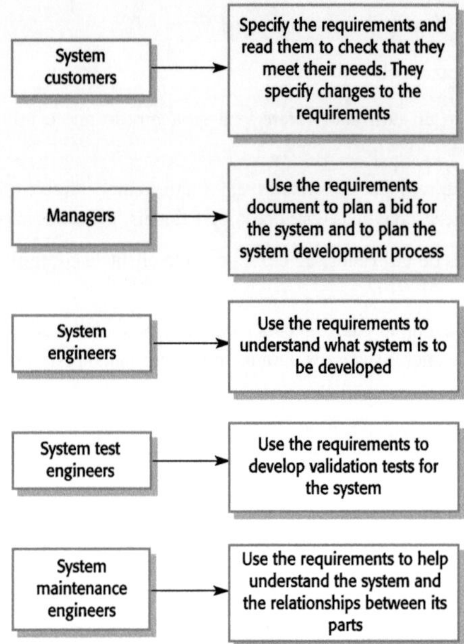

Objetivo do SRS

- Comunicação entre o cliente, o analista, os programadores de sistemas e os responsáveis pela manutenção

- Bases sólidas para a fase de conceção

- Apoiar as actividades de teste do sistema

- Apoiar a gestão e o controlo dos projectos

- Controlo da evolução do sistema

Norma de requisitos IEEE

- Define uma estrutura genérica para um documento de requisitos que deve ser instanciado para cada sistema específico.

  - Introdução.

  - Descrição geral.

  - Requisitos específicos.

  - Apêndices.

  - Índice.

1. Introdução

1.1 Objetivo

1.2 Âmbito de aplicação

1.3 Definições, acrónimos e abreviaturas

1.4 Referências

1.5 Visão geral

2. Descrição geral

    2.1 Perspetiva do produto

    2.2 Resumo das funções do produto

    2.3 Características dos utilizadores

    2.4 Restrições gerais

    2.5 Pressupostos e dependências

3. Requisitos específicos

    - Requisitos funcionais

    - Requisitos da interface externa

    - Requisitos de desempenho

    - Restrições de conceção

    - Atributos

    Por exemplo, segurança, disponibilidade, facilidade de manutenção, transferibilidade/conversão

    - Outros requisitos

        • Apêndices

        • Índice

- Prefácio

    - Deve definir os leitores esperados do documento e descrever o historial das suas versões, incluindo uma justificação para a criação de uma nova versão e um resumo das alterações efectuadas em cada versão

- Introdução

    - Deve descrever a finalidade do sistema. Deve descrever brevemente as suas funções e explicar como funcionará com outros sistemas. Deve descrever como funcionará com outros sistemas. Deve descrever a forma como o sistema se enquadra nos objectivos comerciais ou estratégicos globais da organização que encomenda o software

- Glossário

    - Deve definir os termos técnicos utilizados no documento. Não deve fazer suposições sobre a experiência ou os conhecimentos do leitor

- Definição dos requisitos do utilizador

    - Os serviços prestados ao utilizador e os requisitos não funcionais do sistema devem ser descritos nesta secção. Esta descrição pode utilizar linguagem natural, diagramas ou outras notações que sejam compreensíveis para os clientes. Devem ser especificadas as normas de produtos e processos que devem ser seguidas

- Arquitetura do sistema

    - Este capítulo deve apresentar uma panorâmica de alto nível da arquitetura prevista do sistema, mostrando a distribuição das funções pelos módulos. Devem ser destacados os componentes da arquitetura que são reutilizados

- Especificação dos requisitos do sistema

    - Esta deve descrever os requisitos funcionais e não funcionais de forma mais pormenorizada. Se necessário, podem também ser acrescentados mais pormenores aos requisitos não funcionais, por exemplo, podem ser definidas interfaces com outros sistemas

- Modelos de sistema

    - Este deve estabelecer um ou mais modelos de sistema que mostrem as relações entre os componentes do sistema e o sistema e o seu ambiente. Estes podem ser modelos de objectos e modelos de fluxo de dados

- Evolução do sistema

    - Deve descrever os pressupostos fundamentais em que o sistema se baseia e as alterações previstas devido à evolução do hardware, à alteração das necessidades dos utilizadores, etc

- Apêndices

    - Estes devem fornecer informações pormenorizadas e específicas relacionadas com a aplicação que está a ser desenvolvida. Por exemplo, apêndices que podem incluir descrições de hardware e de bases de dados.

- Índice

    - Podem ser incluídos vários índices do documento

<u>Processos de engenharia de requisitos:</u>

- Um cliente diz: "Eu sei que pensas que percebeste o que eu disse, mas o que não percebes é que o que eu disse não é o que eu quero dizer"

- A engenharia de requisitos ajuda os engenheiros de software a compreender melhor o problema a resolver.

- É realizada por engenheiros de software (analistas) e outros intervenientes no projeto

- É importante compreender o que o cliente pretende antes de se começar a conceber e construir um sistema informático

- Os produtos de trabalho incluem cenários de utilizador, funções e listas de características, modelos de análise

A engenharia de requisitos (ER) é um processo de engenharia de sistemas e software que abrange todas as actividades envolvidas na descoberta, documentação e manutenção de um conjunto de requisitos para um sistema informático. Os processos utilizados para a ER variam muito, dependendo do domínio da aplicação, das pessoas envolvidas e da organização que desenvolve os requisitos.

- As actividades no âmbito do processo de ER podem incluir:

  - Obtenção de requisitos - obtenção de requisitos junto dos intervenientes no sistema

  - Análise e negociação de requisitos - verificação dos requisitos e resolução de conflitos entre as partes interessadas

  - Especificação de requisitos (Especificação de requisitos de software) - documentar os requisitos num documento de requisitos

  - Modelação do sistema - derivação de modelos do sistema, utilizando frequentemente uma notação como a Unified Modeling Language

  - Validação de requisitos - verificar se os requisitos e modelos documentados são coerentes e satisfazem as necessidades das partes interessadas

  - Gestão dos requisitos - gestão das alterações aos requisitos à medida que o sistema é desenvolvido e utilizado

- <u>Processos de engenharia de requisitos:</u>

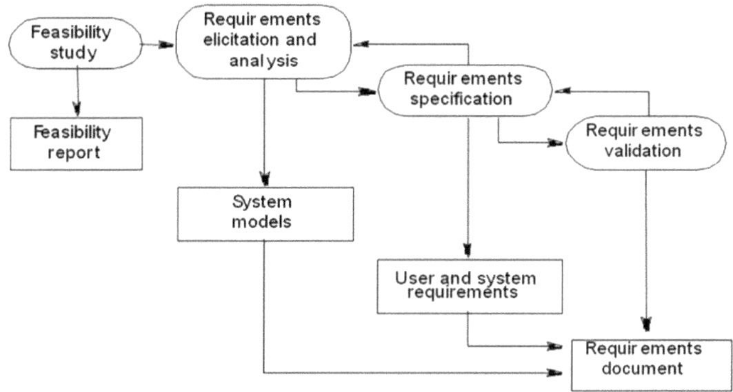

- O objetivo do estudo de viabilidade não é resolver o problema, mas determinar se vale a pena resolver o problema.

- Um estudo de viabilidade decide se o sistema proposto vale ou não a pena.

- O estudo de viabilidade concentra-se no seguinte domínio.

    - Viabilidade operacional

    - Viabilidade técnica

    - Viabilidade económica

- Um pequeno estudo específico que verifica

    - Se o sistema contribui para os objectivos da organização;

    - Se o sistema puder ser concebido utilizando a tecnologia atual e dentro do orçamento;

    - Se o sistema pode ser integrado com outros sistemas utilizados.

Com base na avaliação das informações (o que é necessário), na recolha de informações e na redação de relatórios.

- Perguntas para as pessoas da organização

    - E se o sistema não fosse implementado?

    - Quais são os problemas actuais do processo?

    - Como é que o sistema proposto pode ajudar?

    - Quais serão os problemas de integração?

    - São necessárias novas tecnologias? Que competências?

    - Que instalações devem ser suportadas pelo sistema proposto?

Elicitação e análise de requisitos: Descoberta de requisitos, entrevistas,

A análise de requisitos em engenharia de sistemas e engenharia de software engloba as tarefas que permitem determinar as necessidades ou condições a satisfazer para um produto novo ou alterado, tendo em conta os requisitos eventualmente contraditórios das várias partes interessadas, como os beneficiários ou os utilizadores.

A análise dos requisitos é fundamental para o êxito de um projeto de sistemas ou de software. Os requisitos devem ser documentados, accionáveis, mensuráveis, testáveis, rastreáveis, relacionados com as necessidades ou oportunidades comerciais identificadas e definidos com um nível de pormenor suficiente para a conceção do sistema.

A análise de requisitos inclui três tipos de actividades

    - Obtenção de requisitos: A tarefa de identificar os vários tipos de requisitos a partir de várias fontes, incluindo a documentação do projeto (por exemplo, a carta ou a definição do projeto), a documentação do processo empresarial e as entrevistas com as partes interessadas. Por vezes, também se designa por recolha de requisitos.

– Análise dos requisitos: determinar se os requisitos declarados são claros, completos, coerentes e inequívocos e resolver eventuais conflitos aparentes.

– Registo dos requisitos: Os requisitos podem ser documentados de várias formas, geralmente incluindo uma lista resumida e podem incluir documentos em linguagem natural, casos de utilização, histórias de utilizadores ou especificações de processos.

Problemas da análise de requisitos

* As partes interessadas não sabem o que realmente querem.

* As partes interessadas expressam os requisitos nos seus próprios termos.

* As diferentes partes interessadas podem ter requisitos contraditórios.

* Factores organizacionais e políticos podem influenciar os requisitos do sistema.

* Os requisitos mudam durante o processo de análise. Podem surgir novas partes interessadas e o ambiente empresarial pode mudar.

A elicitação de requisitos é a prática de recolher os requisitos de um sistema junto dos utilizadores, clientes e outras partes interessadas. A elicitação de requisitos é importante porque nunca se pode ter a certeza de obter todos os requisitos do utilizador e do cliente perguntando-lhes apenas o que o sistema deve fazer. As práticas de elicitação de requisitos incluem entrevistas, questionários, observação do utilizador, workshops, brainstorming, casos de utilização, role playing e prototipagem. Antes de os requisitos poderem ser analisados, modelados ou especificados, têm de ser recolhidos através de um processo de elicitação. A elicitação de requisitos é uma parte do processo de engenharia de requisitos, geralmente seguida da análise e especificação dos requisitos.

Actividades do processo de análise de requisitos

* Descoberta de requisitos

  – Interação com as partes interessadas para descobrir os seus requisitos. Os requisitos do domínio também são descobertos nesta fase.

* Classificação e organização dos requisitos

  – Agrupa requisitos relacionados e organiza-os em grupos coerentes.

* Definição de prioridades e negociação

  – Definição de prioridades e resolução de conflitos de requisitos.

* Documentação de requisitos

  – Os requisitos são documentados e introduzidos na ronda seguinte da espiral.

Descoberta de requisitos

* O processo de recolha de informações sobre os sistemas propostos e existentes e de destilação (separação completa) dos requisitos do utilizador e do sistema a partir dessas informações.

* As fontes de informação incluem a documentação, os intervenientes no sistema e as especificações de sistemas semelhantes.

- As partes interessadas (SH) são pessoas ou organizações (entidades jurídicas, como empresas, organismos de normalização) que têm um interesse válido no sistema. Podem ser afectadas pelo sistema direta ou indiretamente.

- As partes interessadas não se limitam à organização que emprega o analista. Outras partes interessadas incluem:

  - Qualquer pessoa que opere o sistema (operadores normais e de manutenção)

  - Qualquer pessoa que beneficie do sistema (beneficiários funcionais, políticos, financeiros e sociais)

Outras partes interessadas incluirão:

- Qualquer pessoa envolvida na compra ou aquisição do sistema. Numa organização de produtos de mercado de massas, a gestão de produtos, o marketing e, por vezes, as vendas actuam como consumidores substitutos (clientes do mercado de massas) para orientar o desenvolvimento do produto

- Organizações que regulam aspectos do sistema (reguladores financeiros, de segurança e outros)

- Pessoas ou organizações que se opõem ao sistema (partes interessadas negativas)

- Organizações responsáveis pelos sistemas que fazem interface com o sistema em projeto

Descoberta de requisitos - Pontos de vista

- Os pontos de vista são uma forma de estruturar os requisitos para representar as perspectivas das diferentes partes interessadas. As partes interessadas podem ser classificadas de acordo com diferentes pontos de vista.

- Esta análise multi-perspetiva é importante porque não existe uma única forma correcta de analisar os requisitos do sistema.

- Tipos de ponto de vista

  - Pontos de vista do interactor

    - Pessoas ou outros sistemas que interagem diretamente com o sistema. Numa caixa multibanco, os clientes e a base de dados de contas são VPs interagentes.

  - Pontos de vista indirectos

    - As partes interessadas que não utilizam o sistema, mas que influenciam os requisitos. Numa ATM, o pessoal de gestão e segurança são pontos de vista indirectos.

  - Pontos de vista do domínio

    - Características e restrições do domínio que influenciam os requisitos. Num

ATM, um exemplo seriam as normas para comunicações interbancárias.

- A entrevista é a principal técnica de recolha de informações durante as fases de análise de sistemas de um projeto de desenvolvimento. É uma competência que deve ser dominada por todos os analistas.

- As capacidades de entrevista do analista determinam a informação que é recolhida, bem como a qualidade e a profundidade dessa informação. A entrevista, a observação e a investigação são os principais instrumentos do analista.

- Em entrevistas formais ou informais, a equipa de ER coloca questões às partes interessadas sobre o sistema que utilizam e o sistema a desenvolver.

- As entrevistas são boas para obter uma compreensão geral do que os intervenientes fazem e como podem interagir com o sistema.

Objectivos da entrevista

– Em cada nível, em cada fase e com cada entrevistado, pode ser efectuada uma entrevista para

- Recolher informações sobre a empresa
- Recolher informações sobre a função
- Recolher informações sobre processos ou actividades
- Descobrir problemas
- Efetuar uma determinação das necessidades
- Verificação de factos previamente recolhidos
- Recolher opiniões ou pontos de vista
- Fornecer informações
- Obter contactos para outras entrevistas

Existem dois tipos de entrevistas

– Entrevistas fechadas em que se responde a um conjunto pré-definido de perguntas.

– Entrevistas abertas em que não existe uma agenda pré-definida e em que é explorada uma série de questões com as partes interessadas.

- Normalmente, é efectuada uma combinação de entrevistas fechadas e abertas.

- As entrevistas não são boas para compreender os requisitos do domínio

– Os engenheiros de requisitos não conseguem compreender a terminologia específica do domínio;

– Alguns conhecimentos do domínio são tão familiares que as pessoas têm dificuldade em articulá-los ou pensam que não vale a pena articulá-los.

- Entrevistadores eficazes

– Os entrevistadores devem ter um espírito aberto, estar dispostos a ouvir as partes interessadas e não devem ter ideias pré-concebidas sobre os requisitos.

- O entrevistador deve fazer uma pergunta ou uma proposta ao entrevistado e não deve simplesmente esperar que este responda a uma pergunta como "o que pretende".

- As informações das entrevistas complementam outras informações sobre o sistema provenientes de documentos, observações dos utilizadores, etc.

- Por vezes, para além da informação contida nos documentos, as entrevistas podem ser a única fonte de informação sobre os requisitos do sistema

- Deve ser utilizada em conjunto com outras técnicas de levantamento de requisitos

Cenários, casos de utilização, etnografia:

1. Cenários:

- Os cenários são exemplos reais de como um sistema pode ser utilizado.

- Os cenários podem ser particularmente úteis para acrescentar pormenores a uma descrição geral dos requisitos.

- Cada cenário abrange uma ou mais interacções possíveis

- Podem ser desenvolvidas várias formas de cenários, cada uma das quais fornece diferentes tipos de informação com diferentes níveis de pormenor sobre o sistema

- Os cenários podem ser escritos sob a forma de texto, complementados por diagramas, capturas de ecrã, etc.

- Um cenário pode incluir

    - Uma descrição da situação inicial;

    - Uma descrição do fluxo normal dos acontecimentos;

    - Uma descrição do que pode correr mal;

    - Informações sobre outras actividades concomitantes que possam estar a decorrer ao mesmo tempo

    - Uma descrição do estado do sistema quando o cenário termina.

A elicitação baseada em cenários implica trabalhar com os intervenientes para identificar cenários e recolher pormenores a incluir nesses cenários. Os cenários podem ser escritos como texto, complementados por diagramas, capturas de ecrã, etc. Em alternativa, pode ser utilizada uma abordagem mais estruturada, como cenários de eventos ou casos de utilização.

2. Casos de utilização

- Os casos de utilização são uma técnica baseada em cenários na UML que identifica os intervenientes numa interação e que descreve a própria interação.

- Um conjunto de casos de utilização deve descrever todas as interacções possíveis com o sistema.

- Os diagramas de sequência podem ser utilizados para acrescentar pormenores aos casos de utilização, mostrando a sequência do processamento de eventos no sistema.

- A abordagem de casos de uso ajuda na priorização de requisitos

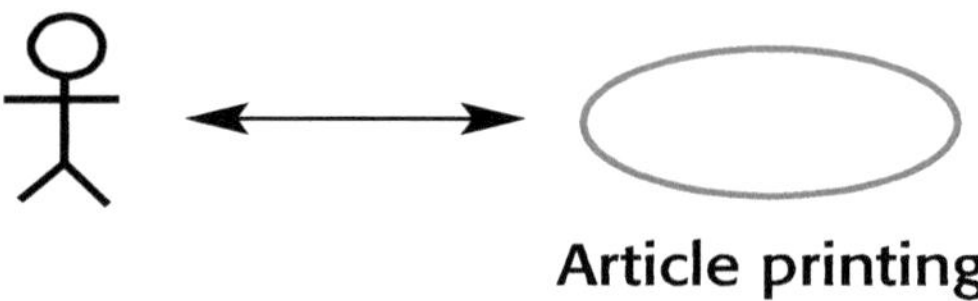

Um caso de uso pode ter alta prioridade para

 – Descreve um dos processos empresariais que o sistema permite

 – Muitos utilizadores irão utilizá-lo frequentemente

 – Uma classe de utilizadores privilegiada solicitou-o

 – Fornece a capacidade necessária para o cumprimento da regularidade

 – Outras funções do sistema dependem da sua presença

Factores sociais e organizacionais

- Os sistemas de software são utilizados num contexto social e organizacional. Este facto pode influenciar ou mesmo dominar os requisitos do sistema.

- Os factores sociais e organizacionais não constituem um ponto de vista único, mas têm influência em todos os pontos de vista.

- Os bons analistas devem ser sensíveis a estes factores, mas atualmente não existe uma forma sistemática de abordar a sua análise.

3. Etnografia

- Um cientista social passa muito tempo a observar e a analisar a forma como as pessoas trabalham efetivamente.

- As pessoas não têm de explicar ou articular o seu trabalho.

- Podem ser observados factores sociais e organizacionais importantes.

- Os estudos etnográficos demonstraram que o trabalho é geralmente mais rico e mais complexo do que o sugerido por modelos simples de sistemas.

Etnografia focalizada

- Desenvolvido num projeto que estuda o processo de controlo do tráfego aéreo

- Combina etnografia com prototipagem

- O desenvolvimento de protótipos resulta em perguntas sem resposta, que centram a análise etnográfica.

- O problema da etnografia é que estuda práticas existentes que podem ter uma base histórica que já não é relevante.

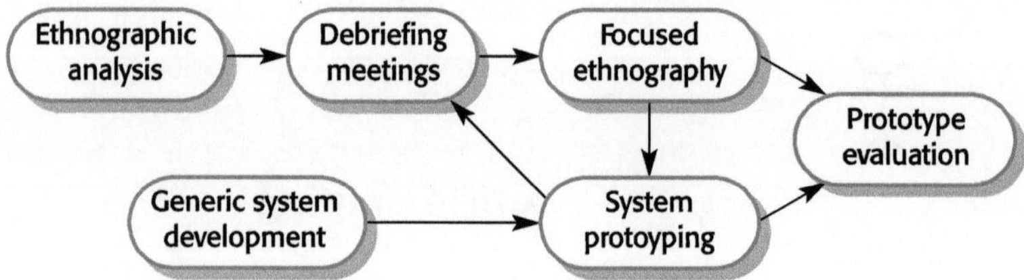

A etnografia informa o desenvolvimento do protótipo para que sejam necessários menos ciclos de aperfeiçoamento do protótipo. Além disso, a prototipagem centra-se na etnografia, identificando problemas e questões que podem depois ser discutidos com o etnógrafo.

Validação de requisitos

- Preocupação em demonstrar que os requisitos definem o sistema que o cliente realmente deseja.

- Os custos de erro dos requisitos são elevados, pelo que a validação é muito importante

    - A correção de um erro de requisitos após a entrega pode custar até 100 vezes mais do que a correção de um erro de implementação.

Durante o processo de validação dos requisitos, devem ser efectuados diferentes tipos de verificações dos requisitos constantes do documento de requisitos. Estas verificações incluem:

- Validade. O sistema fornece as funções que melhor respondem às necessidades do cliente?

- Coerência. Existem conflitos de requisitos?

- Integralidade. Estão incluídas todas as funções exigidas pelo cliente?

- Realismo. Os requisitos podem ser implementados com o orçamento e a tecnologia disponíveis?

- Verificabilidade. Os requisitos podem ser verificados?

Técnicas de validação de requisitos

- Revisões de requisitos

    - Análise manual sistemática das necessidades.

- Prototipagem

    - Utilizar um modelo executável do sistema para verificar os requisitos.

- Geração de casos de teste

    - Desenvolvimento de testes para requisitos para verificar a testabilidade.

- Devem ser efectuadas revisões regulares enquanto a definição dos requisitos está a ser formulada.

- Tanto o pessoal do cliente como o do contratante devem participar nas revisões.

- As revisões podem ser formais (com documentos completos) ou informais. Uma boa comunicação entre programadores, clientes e utilizadores pode resolver problemas numa fase inicial.

- Não subestime os problemas envolvidos na validação dos requisitos. Em última análise, é difícil demonstrar que um conjunto de requisitos satisfaz, de facto, as necessidades de um utilizador. Os utilizadores precisam de imaginar o sistema em funcionamento e imaginar como é que esse sistema se enquadra no seu trabalho.

- É difícil, mesmo para profissionais informáticos qualificados, realizar este tipo de análise abstrata e ainda mais difícil para os utilizadores do sistema. Como resultado, raramente se encontram todos os problemas de requisitos durante o processo de validação de requisitos. É inevitável que haja mais alterações de requisitos para corrigir omissões e mal-entendidos após o documento de requisitos ter sido acordado.

Gestão de requisitos

A gestão dos requisitos é o processo de gestão da alteração dos requisitos durante o processo de engenharia de requisitos e o desenvolvimento do sistema.

Os requisitos são inevitavelmente incompletos e inconsistentes

- – Durante o processo, surgem novos requisitos à medida que as necessidades da empresa mudam e se desenvolve uma melhor compreensão do sistema;
- – Diferentes pontos de vista têm diferentes exigências, muitas vezes contraditórias.

Alteração de requisitos

- A prioridade dos requisitos de diferentes pontos de vista muda durante o processo de desenvolvimento.

- Os clientes do sistema podem especificar requisitos de uma perspetiva comercial que entrem em conflito com os requisitos do utilizador final.

- O ambiente comercial e técnico do sistema muda durante o seu desenvolvimento.

<u>Evolução dos requisitos</u>

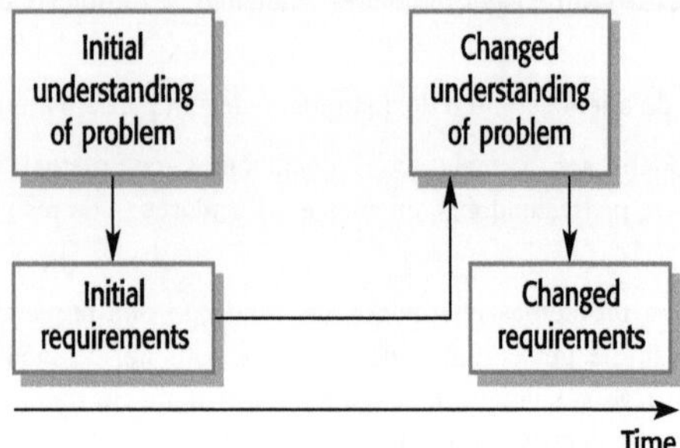

<u>Requisitos de permanência</u>

– Trata-se de requisitos relativamente estáveis que derivam da atividade principal da organização

– Relacionar-se diretamente com o domínio do sistema

– Estes requisitos podem ser derivados de modelos de domínio que mostram as entidades e relações que caracterizam um domínio de aplicação

– Por exemplo, num hospital haverá sempre necessidades relacionadas com doentes, médicos, enfermeiros, tratamentos, etc

<u>Necessidades voláteis</u>

– Trata-se de requisitos susceptíveis de serem alterados durante o processo de desenvolvimento do sistema ou depois de o sistema estar operacional.

– Exemplos de requisitos voláteis são os requisitos resultantes de políticas governamentais de cuidados de saúde ou de mecanismos de cobrança de cuidados de saúde.

<u>Rastreabilidade</u>

• A rastreabilidade diz respeito às relações entre os requisitos, as suas fontes e a conceção do sistema

• Rastreabilidade da fonte

    – Ligações entre os requisitos e as partes interessadas que propuseram esses requisitos;

• Rastreabilidade dos requisitos

    – Ligações entre requisitos dependentes;

• Rastreabilidade do projeto

    – Ligações entre os requisitos e a conceção;

• Armazenamento de requisitos

    – Os requisitos devem ser geridos num armazenamento de dados seguro e gerido.

• Gestão da mudança

    – O processo de gestão da mudança é um processo de fluxo de trabalho cujas fases podem ser definidas e o fluxo de informação entre essas fases parcialmente automatizado.

- Gestão da rastreabilidade

    - Recuperação automatizada das ligações entre requisitos.

- Durante o processo de engenharia de requisitos, é necessário planear:

    - Identificação de requisitos

        - Como as necessidades são identificadas individualmente;

    - Um processo de gestão da mudança

        - O processo seguido na análise de uma alteração de requisitos;

    - Políticas de rastreabilidade

        - A quantidade de informação sobre relações de necessidades que é actualizada;

    - Suporte a ferramentas CASE

        - O suporte da ferramenta necessário para ajudar a gerir a mudança de requisitos;

- Deve aplicar-se a todas as alterações propostas aos requisitos.

- Principais etapas

    - Análise de problemas. Discutir o problema dos requisitos e propor alterações;

    - Análise da mudança e cálculo de custos. Avaliar os efeitos da mudança noutros requisitos;

    - Implementação das alterações. Modificar o documento de requisitos e outros documentos para refletir as alterações.

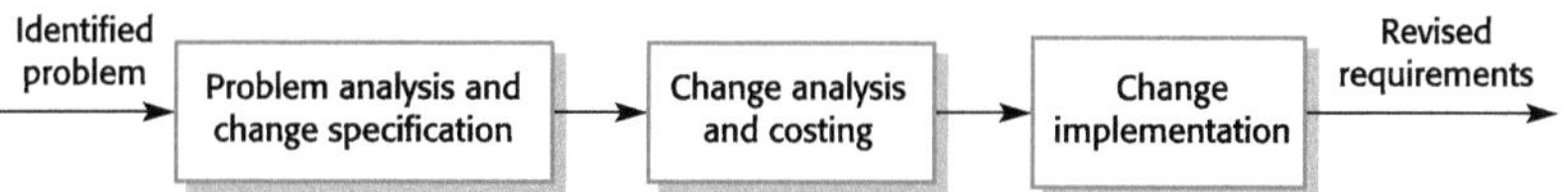

Análise Clássica:

Análise estruturada do sistema:

- Ao longo das fases de análise e conceção, o analista deve proceder passo a passo, obtendo feedback dos utilizadores e analisando a conceção para detetar omissões e erros.

- Passar demasiado depressa para a fase seguinte pode obrigar o analista a refazer partes do projeto que foram produzidas anteriormente.

- Estruturam um projeto em actividades pequenas e bem definidas e especificam a sequência e a interação dessas actividades.

- Utilizam diagramas e outras técnicas de modelização para dar uma definição mais precisa (estruturada) que seja compreensível tanto para os utilizadores como para os programadores.

- A análise estruturada fornece uma declaração de requisitos clara que todos podem compreender e constitui uma base sólida para a conceção e implementação subsequentes.

- Parte do problema de os analistas de sistemas se limitarem a fazer "as perguntas certas" reside no facto de ser muitas vezes difícil para uma pessoa técnica descrever os conceitos do sistema de forma a que o utilizador os possa compreender.

- Os métodos estruturados incluem geralmente a utilização de técnicas diagramáticas de fácil compreensão e não técnicas.

- É importante que estes diagramas não contenham jargão informático e pormenores técnicos que o utilizador não compreenda - e não precise de compreender.

Redes de Petri de alto nível

- A rede de Petri clássica foi inventada por Carl Adam Petri em 1962.

- Foi efectuada muita investigação (>10 000 publicações).

- Até 1985, foi utilizado principalmente por teóricos.

- Desde os anos 80, a sua utilização prática tem aumentado devido à introdução das redes de Petri de alto nível e à disponibilidade de muitas ferramentas.

- As redes de Petri de alto nível são redes de Petri alargadas com

  - cor (para a modelação de atributos)

  - tempo (para análise de desempenho)

  - hierarquia (para a estruturação de modelos, DFD's)

Porque é que precisamos de Redes de Petri?

- As redes de Petri podem ser utilizadas para definir rigorosamente um sistema (reduzindo a ambiguidade, tornando claras as operações de um sistema, permitindo-nos provar propriedades de um sistema, etc.)

- São frequentemente utilizados em sistemas distribuídos (com vários subsistemas a atuar de forma independente) e em sistemas com partilha de recursos.

- Uma vez que pode haver mais do que uma transição na Rede de Petri ativa ao mesmo tempo (e não sabemos qual vai "disparar" primeiro), são não-determinísticas.

Uma rede de Petri é uma rede composta por lugares (   ) e transições

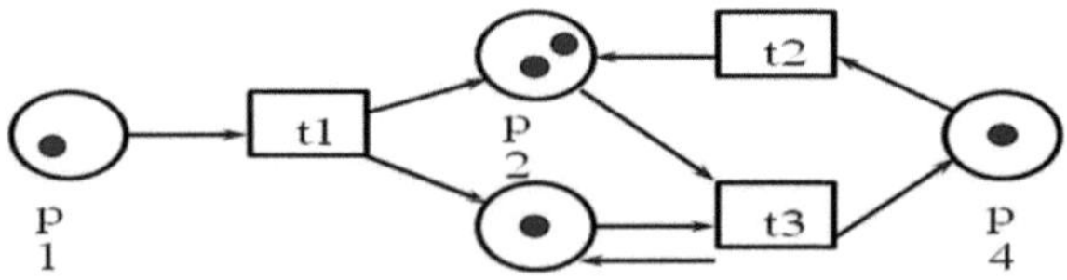

As ligações são direccionadas e entre um local e uma transição, ou uma transição e um local (por exemplo, entre "p1 e t1" ou "t1 e p2" acima).

Os tokens () são os objectos dinâmicos.

- As transições são os componentes activos e os lugares e fichas são os componentes passivos.
- Uma transição é activada se cada um dos locais de entrada contiver tokens.

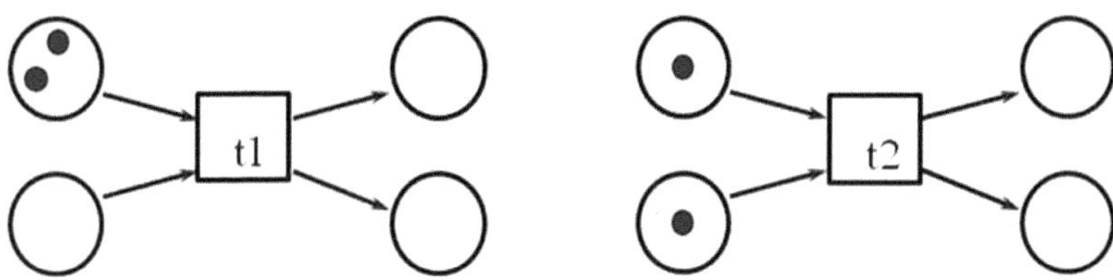

A transição t1 não é activada, a transição t2 é activada.

Não-determinismo em redes de Petri

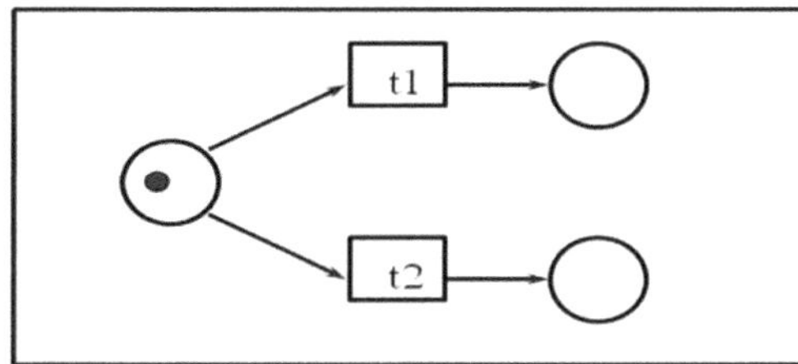

Duas transições lutam pelo mesmo símbolo: o conflito.

Mesmo que existam duas fichas, continua a haver um conflito.

A próxima transição a ser activada (t1 ou t2) é arbitrária (não determinística).

Dicionário de dados

I. Uma ferramenta para registar e processar informações (metadados) sobre os dados que uma organização utiliza.

II. Um catálogo central de metadados.

III. Pode ser integrado no SGBD ou ser separado.

IV. Pode ser referenciado durante a conceção do sistema, a programação e por programas em execução ativa.

V. Pode ser utilizado como um repositório de código comum (por exemplo, rotinas de biblioteca).

As vantagens de um DDS devem-se principalmente ao facto de ser um armazenamento central de informações sobre a base de dados.

- documentação e controlo melhorados

- coerência na utilização dos dados

- análise de dados mais fácil

- redução da redundância de dados

- programação mais simples

- a aplicação das normas

- melhores meios para estimar o efeito da mudança.

O DDS deve oferecer dois conjuntos de instalações:

- Registar e analisar os requisitos de dados independentemente da forma como vão ser satisfeitos - modelos de dados conceptuais (entidades, atributos, relações).

- Registar e conceber decisões em termos de estruturas de bases de dados ou ficheiros implementadas e dos programas que a elas acedem - esquema interno.

Uma das principais funções de um DDS é mostrar a relação entre as vistas concetual e de implementação. O mapeamento deve ser consistente - as inconsistências são um erro e podem ser detectadas aqui.

Vantagens da gestão

A utilização de um DDS pode trazer uma série de vantagens:

- melhorar o controlo e o conhecimento do recurso de dados.

- permite uma avaliação exacta do custo e do prazo para efetuar quaisquer alterações.

- reduz a carga burocrática da administração da base de dados e permite um maior controlo

- sobre a conceção e a utilização da base de dados.

- definições de dados precisas podem ser fornecidas de forma segura diretamente aos programas.

- ajudar o registo, o tratamento, a conservação e a destruição dos dados e dos documentos associados.

Desvantagens da gestão

Um DDS é uma ferramenta de gestão útil, mas com um preço.

- O próprio "projeto" DDS pode demorar dois ou três anos.

- Requer um planeamento cuidadoso, definindo os requisitos exactos, concebendo o seu conteúdo, testando, implementando e avaliando.

- O custo de um DDS inclui não só o preço inicial da sua instalação e quaisquer requisitos de hardware, mas também o custo da recolha da informação, da sua introdução no DDS, da sua atualização e da aplicação das normas.

- A utilização de um DDS exige o empenhamento da gestão, o que não é fácil de conseguir, sobretudo quando os benefícios são intangíveis e de longo prazo.

MÓDULO- III

CONCEPÇÃO DE SOFTWARE

Conceção de software: Processo de conceção: Conceitos de conceção, modelo de conceção, heurística de conceção, conceção arquitetónica, estilos de arquitetura, acesso a concepções arquitectónicas alternativas e mapeamento arquitetónico utilizando o fluxo de dados.

Conceção da interface do utilizador: Análise da interface, conceção da interface; Conceção a nível dos componentes: Conceção de componentes baseados em classes, componentes tradicionais.

Processo de conceção:

A conceção de software é um processo iterativo através do qual os requisitos são traduzidos num "projeto" para a construção do software. Inicialmente, o projeto representa uma visão holística do software. Ou seja, a conceção é representada a um nível elevado de abstração - um nível que pode ser diretamente associado ao objetivo específico do sistema e a dados mais detalhados, requisitos funcionais e comportamentais.

1. Directrizes e atributos de qualidade do software

- Directrizes de conceção

- Um bom design deve

    - apresentar uma boa estrutura arquitetónica

    - ser modular

    - contêm representações distintas de dados, arquitetura, interfaces e componentes (módulos)

    - conduzir a estruturas de dados que sejam adequadas aos objectos a implementar e que se baseiem em padrões de conceção reconhecíveis

    - conduzem a componentes que apresentam características funcionais independentes

    - conduzir a interfaces que reduzam a complexidade das ligações entre módulos e com o ambiente externo

    - ser derivado através de um método respeitável que é orientado por informações obtidas durante a análise dos requisitos de software

- Directrizes de qualidade

    - Uma conceção deve apresentar uma arquitetura que (1) tenha sido criada utilizando estilos ou padrões de arquitetura reconhecíveis, (2) seja composta por componentes que apresentem boas características de conceção (estas são abordadas mais adiante neste capítulo) e (3) possa ser implementada de forma evolutiva, facilitando assim a implementação e os testes.

    - A conceção deve ser modular, ou seja, o software deve ser dividido logicamente em elementos ou subsistemas.

    - Uma conceção deve conter representações distintas de dados, arquitetura, interfaces e componentes.

    - A conceção deve conduzir a estruturas de dados que sejam adequadas às classes a implementar e que se baseiem em padrões de dados reconhecíveis.

- Um projeto deve conduzir a componentes que apresentem características funcionais independentes.

- A conceção deve conduzir a interfaces que reduzam a complexidade das ligações entre os componentes e com o ambiente externo.

- Um projeto deve ser derivado utilizando um método repetível que é orientado pela informação obtida durante a análise dos requisitos do software.

- Um desenho ou modelo deve ser representado utilizando uma notação que comunique efetivamente o seu significado.

- Atributos de qualidade

  - A funcionalidade é avaliada através da avaliação do conjunto de características e capacidades do programa, da generalidade das funções derivadas e da segurança do sistema global

  - A usabilidade é avaliada tendo em conta os factores humanos, a estética geral, a coerência e a documentação

  - A fiabilidade é avaliada medindo a frequência e a gravidade das falhas, a exatidão dos resultados, o tempo médio até à falha, a capacidade de recuperação da falha e a previsibilidade do programa

  - O desempenho é medido pela velocidade de processamento, tempo de resposta, consumo de recursos, rendimento e eficiência

  - A suportabilidade combina a capacidade de alargar o programa, a adaptabilidade, a capacidade de manutenção, a capacidade de teste, a compatibilidade, a configurabilidade, a facilidade com que um sistema pode ser instalado e a facilidade com que os problemas podem ser localizados

2. A evolução do design de software:

- A evolução da conceção de software é um processo contínuo que já dura há quase seis décadas.

- Todos estes métodos têm um certo número de características comuns:

1. Um mecanismo para a tradução do modelo de requisitos numa representação de design,

2. Uma notação para representar componentes funcionais e as suas interfaces,

3. Heurísticas para refinamento e partição, e

4. Directrizes para a avaliação da qualidade.

Independentemente do método de conceção utilizado, deve aplicar um conjunto de conceitos básicos à conceção a nível dos dados, da arquitetura, da interface e dos componentes. Estes conceitos são considerados nas secções que se seguem

Conceitos de design:

1. Abstração

- A abstração é o processo pelo qual os dados e os programas são definidos com uma representação semelhante em forma ao seu significado (semântica), ocultando os detalhes de implementação.

– A abstração tenta reduzir e eliminar os detalhes para que o <u>programador</u> se possa concentrar em alguns conceitos de cada vez

– No nível mais elevado de abstração, uma solução é apresentada em termos gerais, utilizando a linguagem do ambiente do problema. Nos níveis inferiores de abstração, é fornecida uma descrição mais pormenorizada da solução.

A abstração pode ser

- A abstração de dados é um conjunto nomeado de dados que descreve um objeto de dados. A abstração de dados para "porta" incluiria um conjunto de atributos que descrevem a porta (por exemplo, tipo de porta, direção de abertura, mecanismo de abertura, peso, dimensões).

- A abstração processual "open" utilizaria a informação contida nos atributos da abstração de dados "door

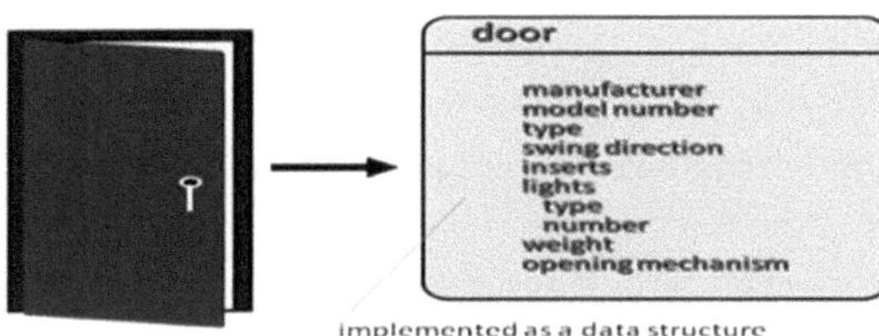

- A abstração processual refere-se a uma sequência de instruções que têm uma função específica e limitada. O nome da abstração processual implica estas funções, mas os detalhes específicos são suprimidos.

por exemplo, "abrir" para uma porta. 'abrir' implica uma longa sequência de passos processuais (por exemplo, caminhar até à porta, estender a mão e agarrar a maçaneta, rodar a maçaneta, rodar a maçaneta e puxar a porta, afastar-se da porta em movimento, etc.)

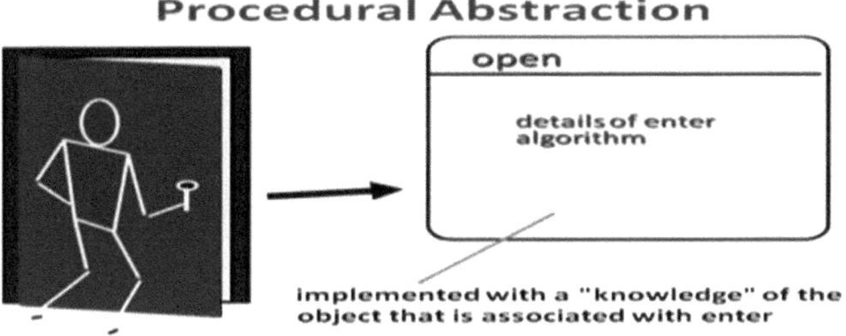

2. Arquitetura

– A arquitetura é a estrutura ou organização dos componentes do programa (módulos), a forma como estes componentes interagem e a estrutura dos dados que são utilizados pelos componentes. A conceção da arquitetura pode ser representada utilizando ,

– Os modelos estruturais representam a arquitetura como uma coleção organizada de componentes de programas

– Os modelos de estrutura aumentam o nível de abstração da conceção, tentando identificar estruturas de conceção arquitetónica repetíveis que se encontram em tipos de aplicações semelhantes

– Os modelos dinâmicos abordam os aspectos comportamentais da arquitetura do programa, indicando como a estrutura ou a configuração do sistema pode mudar em função de eventos externos

– Os modelos processuais centram-se na conceção do processo comercial ou técnico que o sistema deve acomodar

– Os modelos de função podem ser utilizados para representar a hierarquia funcional de um sistema

3. Padrões

   – O padrão de conceção descreve uma estrutura de conceção que resolve um determinado problema de conceção num contexto específico.

   – Cada padrão de conceção deve fornecer uma descrição que permita a um projetista determinar

      • Se o padrão é aplicável ao trabalho atual

      • Se o modelo pode ser reutilizado

      • Se o padrão pode servir de guia para o desenvolvimento de um padrão semelhante, mas funcional ou estruturalmente diferente

4. Separação das preocupações

   • A separação de preocupações é um conceito de conceção que sugere que qualquer problema complexo pode ser mais facilmente resolvido se for subdividido em partes que podem ser resolvidas e/ou optimizadas de forma independente.

   • Uma preocupação é uma caraterística ou comportamento que é especificado como parte do modelo de requisitos para o software.

   • Ao separar as preocupações em partes mais pequenas e, portanto, mais fáceis de gerir, um problema requer menos esforço e tempo para ser resolvido.

   • Para dois problemas, p1 e p2, se a complexidade percebida de p1 é maior do que a complexidade percebida de p2, segue-se que o esforço necessário para resolver p1 é maior do que o esforço necessário para resolver p2.

5. Modularidade

   – O software é dividido em componentes separadamente nomeados e endereçáveis, chamados módulos, que são integrados para satisfazer os requisitos do problema

   – A conceção tem de ser modularizada para que o desenvolvimento possa ser mais facilmente planeado, os incrementos de software possam ser definidos e entregues, as alterações possam ser mais facilmente acomodadas, os testes e a depuração possam ser realizados de forma mais eficiente e a manutenção a longo prazo possa ser efectuada sem efeitos secundários graves

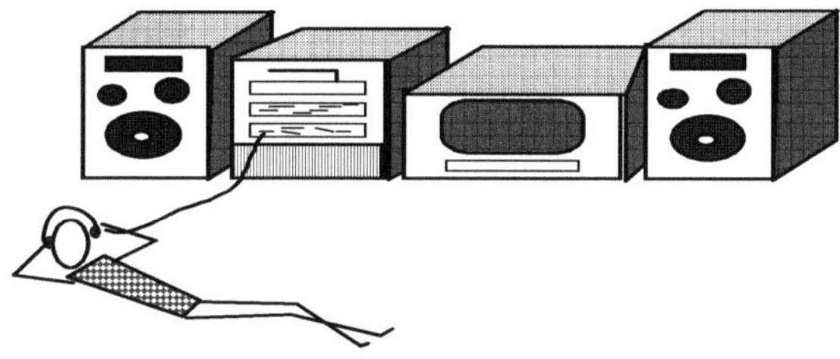

6. Ocultação de informações

  – Os módulos devem ser especificados e concebidos de modo a que a informação (algoritmos e dados) contida num módulo seja inacessível a outros módulos que não necessitem dessa informação

  – A ocultação implica que a modularidade efectiva pode ser alcançada através da definição de um conjunto de módulos independentes que comunicam entre si apenas as informações necessárias para alcançar a função do software

  – A ocultação define e impõe restrições de acesso tanto aos dados processuais de um módulo como a qualquer estrutura de dados local utilizada pelo módulo

  – A utilização da ocultação de informação como critério de conceção de sistemas modulares traz vantagens quando são necessárias modificações durante os testes e, posteriormente, durante a manutenção do software

7. Ocultação de informações

  • Reduz a probabilidade de "efeitos secundários"

  • Limita o impacto global das decisões de conceção locais

  • Dá ênfase à comunicação através de interfaces controladas

  • Desincentiva a utilização de dados globais

  • Conduz ao encapsulamento - um atributo da conceção de elevada qualidade

  • Resultados em software de maior qualidade

Independência funcional

  – A independência funcional é conseguida através do desenvolvimento de módulos com uma função "única" e evita a interação excessiva com outros módulos.

  – Os módulos independentes são mais fáceis de manter porque os efeitos secundários causados pela conceção ou pela modificação do código são limitados, a propagação de erros é reduzida

A independência é avaliada com base em dois critérios qualitativos

  • Coesão, que é uma indicação da força funcional relativa de um módulo. Um módulo coeso executa uma única tarefa, exigindo pouca interação com outros componentes noutras partes de um programa

- O acoplamento é uma indicação da interdependência relativa entre módulos. O acoplamento depende da complexidade da interface entre os módulos, do ponto em que é feita a entrada ou referência a um módulo e dos dados que passam através da interface

8. Refinamento

- O refinamento é um processo de elaboração. O refinamento faz com que o designer elabore a declaração original, fornecendo cada vez mais detalhes à medida que cada refinamento sucessivo ocorre.

- O refinamento ajuda o projetista a revelar pormenores de baixo nível à medida que o projeto avança.

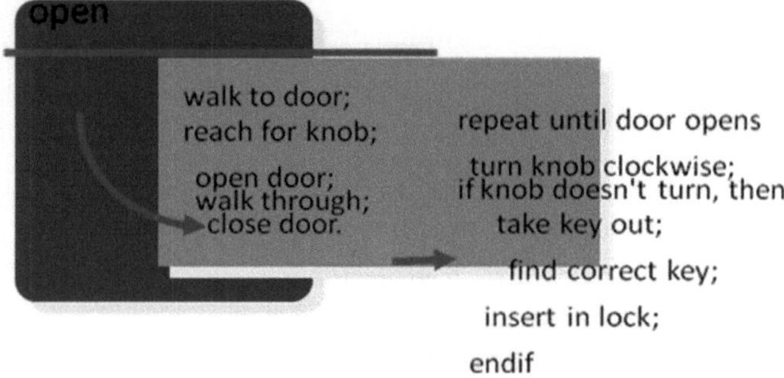

9. Refactoring

- Refactoring é o processo de alteração de um sistema de software de tal forma que não altera o comportamento externo do código, mas melhora a sua estrutura interna

-

- Quando o software é refactorizado, a conceção existente é examinada para detetar redundâncias, elementos de conceção não utilizados, algoritmos ineficientes ou desnecessários, estruturas de dados mal construídas ou inadequadas ou qualquer outra falha de conceção que possa ser corrigida para produzir uma conceção melhor

10. Aspectos

- À medida que a análise dos requisitos ocorre, é descoberto um conjunto de "preocupações". Estas preocupações "incluem requisitos, casos de utilização, características, estruturas de dados, questões de qualidade de serviço, variantes, limites de propriedade intelectual, colaborações, padrões e contratos"

- Idealmente, um modelo de requisitos pode ser organizado de forma a permitir isolar cada preocupação (requisito) para que possa ser considerado de forma independente.

- Na prática, porém, algumas destas preocupações abrangem todo o sistema e não podem ser facilmente compartimentadas. À medida que o projeto começa, os requisitos são refinados numa representação modular do projeto.

- Considere dois requisitos, A e B. O requisito A corta o requisito B "se tiver sido escolhida uma decomposição [refinamento] do software em que B não possa ser satisfeito sem ter em conta A".

11. Refactoring

- Uma importante atividade de conceção sugerida para muitos métodos ágeis, a refacção é uma técnica de reorganização que simplifica a conceção (ou o código) de um componente sem alterar a sua função ou comportamento

- Quando o software é refactorizado, a conceção existente é examinada em busca de redundância, elementos de conceção não utilizados, algoritmos ineficientes ou desnecessários, estruturas de dados mal construídas ou inadequadas ou qualquer outra falha de conceção que possa ser corrigida para produzir uma conceção melhor.

12. Conceitos de conceção orientados para objectos

- O paradigma orientado para os objectos (OO) é amplamente utilizado na engenharia de software moderna.

- Conceitos de conceção de OO, como classes e objectos, herança, mensagens e polimorfismo, entre outros.

-

13. Aulas de design

  - À medida que o modelo de conceção evolui, deve ser definido um conjunto de classes de conceção que

    - Aperfeiçoar as classes de análise, fornecendo pormenores de conceção que permitirão a implementação das classes

    - Criar um novo conjunto de classes de conceção que implementem uma infraestrutura de software para apoiar a solução comercial

O modelo de conceção:

O modelo de conceção pode ser visto como

  - Dimensão do processo que indica a evolução do modelo de conceção à medida que as tarefas de conceção são executadas como parte do processo de software.

  - A dimensão de abstração representa o nível de pormenor à medida que cada elemento do modelo de análise é transformado num equivalente de conceção e depois aperfeiçoado iterativamente

Os elementos do modelo de conceção são os seguintes

- Elementos de conceção dos dados

- Elementos de conceção arquitetónica

- Elementos de conceção da interface

- Elementos de conceção ao nível do componente

- Elementos de conceção a nível da implantação

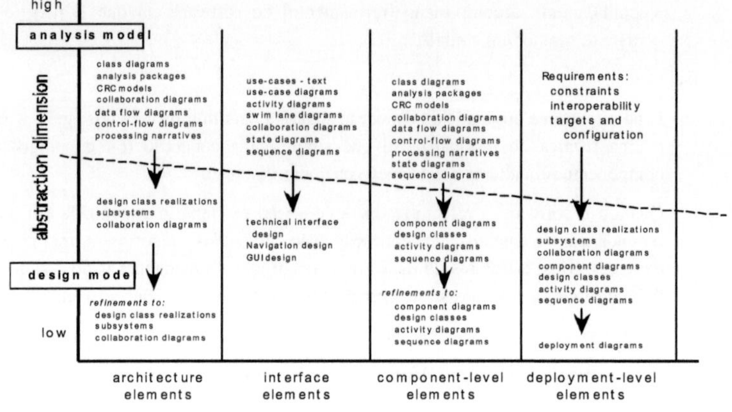

1. Elementos de conceção dos dados

   – A conceção de dados cria um modelo de dados e/ou informações que é representado a um elevado nível de abstração.

   – O modelo de dados é então aperfeiçoado em representações progressivamente mais específicas da aplicação que podem ser processadas pelo sistema informático

   Nível arquitetónico → bases de dados e ficheiros

   Estruturas de dados ☜□ nível dos componentes

2. Elementos de conceção arquitetónica

• O desenho arquitetónico de um software é o equivalente à planta de uma casa. A planta descreve a disposição geral das divisões; o seu tamanho, forma e relação entre si; e as portas e janelas que permitem a entrada e saída das divisões. A planta dá-nos uma visão global da casa. Os elementos do desenho arquitetónico dão-nos uma visão global do software.

   – O modelo de arquitetura é derivado de

      • Informações sobre o domínio de aplicação do software a construir

      • Elementos do modelo de requisitos específicos, tais como diagramas de fluxo de dados ou classes de análise, as suas relações e colaborações para o problema em causa

      • A disponibilidade de padrões e estilos arquitectónicos

3. Elementos de conceção da interface

   – Os elementos de conceção da interface para o software indicam como a informação entra e sai do sistema e como é comunicada entre os componentes definidos como parte da arquitetura

   – Elementos importantes da conceção da interface

      • A interface do utilizador (IU): A conceção da usabilidade incorpora elementos estéticos (p. ex., disposição, cor, gráficos, mecanismos de interação), elementos ergonómicos (p. ex., disposição e colocação da informação, metáforas, navegação na IU) e elementos técnicos (p. ex., padrões da IU, componentes reutilizáveis). Em geral, a IU é um subsistema único na arquitetura global da aplicação.

- Interfaces externas com outros sistemas, dispositivos, redes ou outros produtores ou consumidores de informaçãoA conceção das interfaces externas requer informações definitivas sobre a entidade para a qual a informação é enviada ou recebida.

- Interfaces internas entre vários componentes de concepçãoA conceção das interfaces internas está estreitamente alinhada com a conceção ao nível dos componentes

Modelo de conceção - Elementos da interface

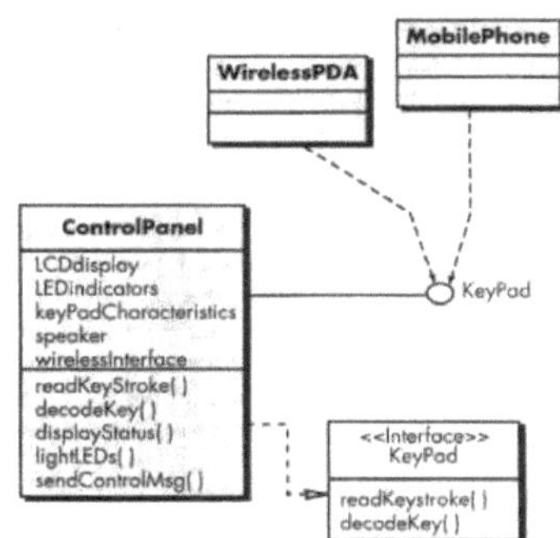

4. Elementos de conceção ao nível do componente

- O desenho ao nível dos componentes do software é equivalente a um conjunto de desenhos (e especificações) detalhados para cada divisão de uma casa. Estes desenhos descrevem a cablagem e a canalização dentro de cada divisão, a localização de tomadas eléctricas e interruptores de parede, torneiras, lavatórios, chuveiros, banheiras, ralos, armários e armários.

  - A conceção a nível de componentes de software descreve integralmente os pormenores internos de cada componente de software.

  - A conceção ao nível do componente define estruturas de dados para todos os objectos de dados locais e pormenores algorítmicos para todo o processamento que ocorre num componente e uma interface que permite o acesso a todas as operações do componente

  - Os pormenores de conceção de um componente podem ser modelados em muitos níveis diferentes de abstração.

  - Pode ser utilizado um diagrama de actividades UML para representar a lógica de processamento. O fluxo processual detalhado de um componente pode ser representado utilizando pseudocódigo ou forma diagramática (por exemplo, fluxograma ou diagrama de caixa).

Component Elements

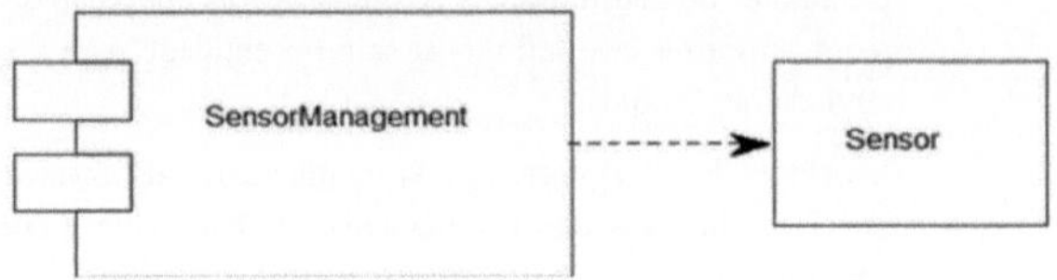

5. Elementos de conceção a nível da implantação

- Os elementos de conceção a nível da implantação indicam como a funcionalidade e os subsistemas do software serão afectados no ambiente informático físico que suportará o software.

- Os diagramas de implantação mostram o ambiente informático, mas não indicam explicitamente os pormenores de configuração.

<u>O que é a arquitetura de software?</u>

- Quando se considera a arquitetura de um edifício, vêm-nos à mente muitos atributos diferentes. Ao nível mais simplista, pensa-se na forma geral da estrutura física. Mas, na realidade, a arquitetura é muito mais do que isso. É a forma como os vários componentes do edifício são integrados para formar um todo coeso.

- A arquitetura de software de um programa ou sistema informático é a estrutura ou estruturas do sistema, que inclui componentes de software, as propriedades visíveis externamente desses componentes e as relações entre eles

- A arquitetura do software permite

    - Analisar a eficácia da conceção para satisfazer os requisitos declarados

    - Considerar alternativas arquitectónicas numa fase em que ainda é relativamente fácil fazer alterações ao projeto

    - Reduzir os riscos associados à construção do software

    - A conceção arquitetónica representa a estrutura dos dados e dos componentes do programa necessários para construir um sistema baseado em computador.

    - Considera o estilo arquitetónico que o sistema irá adotar, a estrutura e as propriedades dos componentes que constituem o sistema e as inter-relações que ocorrem entre todos os componentes arquitectónicos de um sistema

    - A arquitetura considera dois níveis de conceção - a conceção dos dados e a conceção da arquitetura. A conceção de dados permite-nos representar a componente de dados da arquitetura.

    - A conceção arquitetónica centra-se na representação da estrutura dos componentes de software, das suas propriedades e interacções

<u>Porque é que a arquitetura é importante?</u>

- As representações da arquitetura do software são um meio de comunicação entre todas as partes interessadas no desenvolvimento de um sistema informático.

- A arquitetura destaca as primeiras decisões de conceção que terão um impacto profundo em todo o trabalho de engenharia de software que se seguirá e, tão importante quanto isso, no sucesso final do sistema enquanto entidade operacional.

- A arquitetura constitui um modelo relativamente pequeno e intelectualmente apreensível da forma como o sistema está estruturado e como os seus componentes funcionam em conjunto.

Descrições arquitectónicas

- Cada um de nós tem uma imagem mental do que significa a palavra arquitetura. Na realidade, porém, significa coisas diferentes para pessoas diferentes.

- A implicação é que as diferentes partes interessadas verão uma arquitetura de diferentes pontos de vista, motivados por diferentes conjuntos de preocupações.

- Uma descrição da arquitetura é, na verdade, um conjunto de produtos de trabalho que reflectem diferentes visões do sistema.

- A descrição arquitetónica de um sistema baseado em software deve apresentar características análogas às observadas para o edifício de escritórios.

- Os promotores querem uma orientação clara e decisiva sobre a forma de avançar com o projeto.

- Os clientes querem uma compreensão clara das mudanças ambientais que têm de ocorrer e garantias de que a arquitetura irá satisfazer as suas necessidades comerciais.

- Outros arquitectos querem uma compreensão clara e saliente dos aspectos-chave da arquitetura". Cada um destes "desejos" reflecte-se numa visão diferente representada por um ponto de vista diferente.

Decisões arquitectónicas

- Cada vista desenvolvida como parte de uma descrição da arquitetura aborda uma preocupação específica das partes interessadas.

- Para desenvolver cada vista (e a descrição arquitetónica como um todo), o arquiteto do sistema considera uma variedade de alternativas e, em última análise, decide sobre as características arquitectónicas específicas que melhor satisfazem a preocupação.

- Por conseguinte, as próprias decisões de arquitetura podem ser consideradas como uma visão da arquitetura.

- As razões pelas quais as decisões foram tomadas dão uma ideia da estrutura de um sistema e da sua conformidade com as preocupações das partes interessadas.

Estilos de arquitetura de software

1. Uma breve taxonomia dos estilos arquitectónicos

2. Padrões arquitectónicos

3. Organização e aperfeiçoamento

- O software que é construído para sistemas baseados em computador apresenta um dos muitos estilos de arquitetura

- Cada estilo descreve uma categoria de sistema que engloba

– Um conjunto de tipos de componentes que desempenham uma função exigida pelo sistema

– Um conjunto de conectores (chamada de sub-rotina, chamada de procedimento remoto, fluxo de dados, socket) que permite a comunicação, coordenação e cooperação entre componentes

– restrições que definem o modo como os componentes podem ser integrados para formar o sistema;

– modelos semânticos que permitem a um projetista compreender as propriedades globais de um sistema através da análise das propriedades conhecidas das suas partes constituintes.

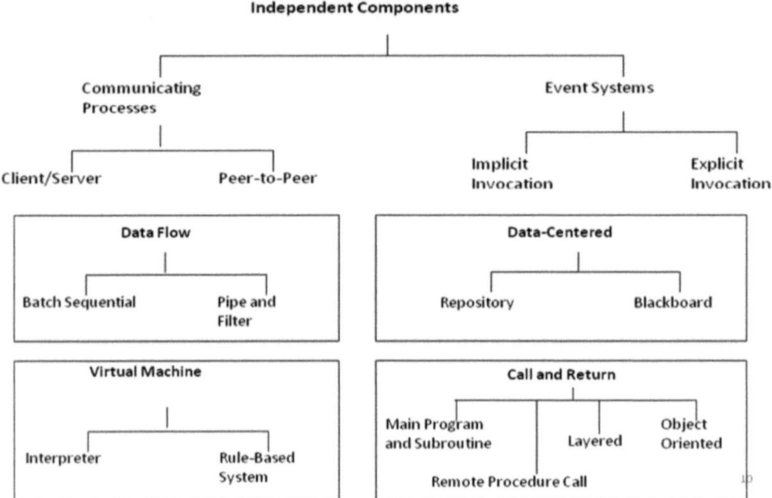

Uma breve taxonomia dos estilos arquitectónicos

- Arquitecturas centradas nos dados. Um armazenamento de dados (por exemplo, um ficheiro ou uma base de dados) reside no centro desta arquitetura e é frequentemente acedido por outros componentes que actualizam, adicionam, eliminam ou modificam os dados no armazenamento.

- Ilustra um estilo típico centrado nos dados. O software cliente acede a um repositório central. Em alguns casos, o repositório de dados é passivo. Ou seja, o software cliente acede aos dados independentemente de quaisquer alterações aos dados ou das acções de outro software cliente. Uma variação desta abordagem transforma o repositório num "quadro negro

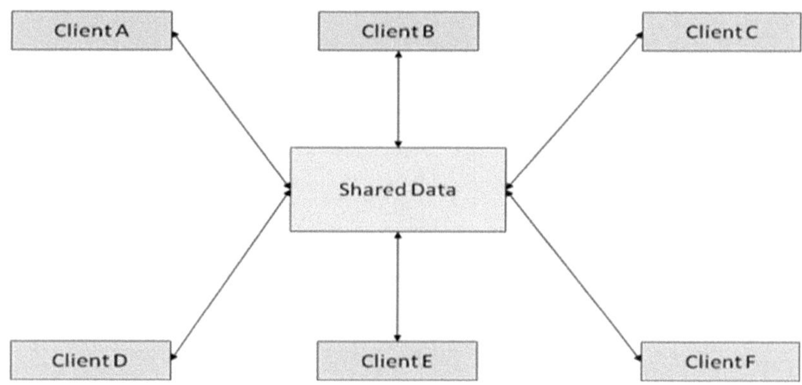

Arquitecturas de fluxo de dados

- Esta arquitetura é aplicada quando os dados de entrada devem ser transformados em dados de saída através de uma série de componentes computacionais ou manipulativos.

- Uma apresentação de padrões de filtros e tubos tem um conjunto de componentes, chamados *filtros, ligados por tubos que transmitem dados de um componente para o seguinte.*

- *Cada* filtro funciona independentemente dos componentes a montante e a jusante, é concebido para esperar a entrada de dados de uma determinada forma e produz a saída de dados (para o filtro seguinte) de uma forma especificada.

- No entanto, o filtro não requer o conhecimento do funcionamento dos seus filtros vizinhos.

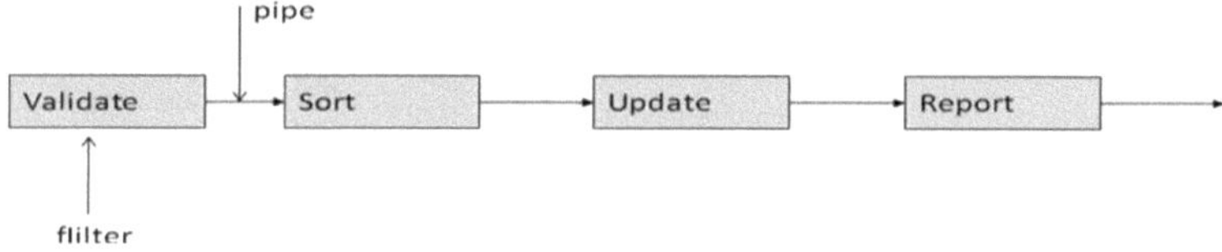

Arquitecturas de chamada e de retorno.

- Este estilo arquitetónico permite-lhe obter uma estrutura de programa que é relativamente fácil de modificar e escalar.

- Existem vários subestilos dentro desta categoria:

- *Arquitecturas de programa principal/subprograma: Esta estrutura clássica de programa* decompõe a função numa hierarquia de controlo em que um programa "principal" invoca uma série de componentes de programa que, por sua vez, podem invocar ainda outros componentes. A figura ilustra uma arquitetura deste tipo.

- *Arquitecturas de chamada de procedimento remoto: Os componentes de uma* arquitetura de programa principal/subprograma são distribuídos por vários computadores numa rede.

Estilo de chamada e retorno

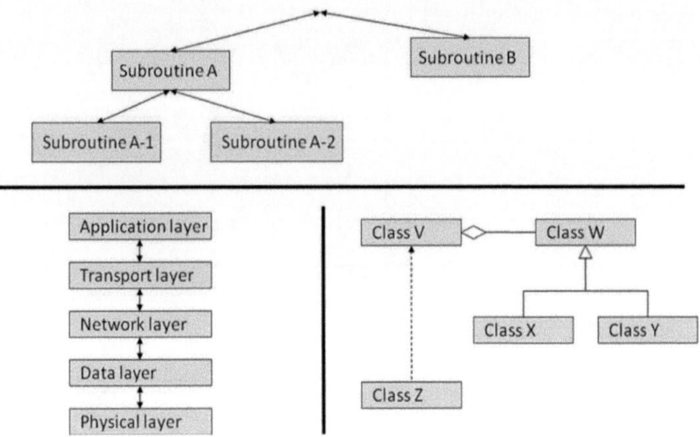

Arquitecturas orientadas para os objectos

- Os componentes de um sistema encapsulam os dados e as operações que devem ser aplicadas para manipular os dados.

- A comunicação e a coordenação entre os componentes são efectuadas através da passagem de mensagens.

Arquitecturas em camadas.

- A estrutura básica de uma arquitetura em camadas é ilustrada na figura.

- São definidas várias camadas diferentes, cada uma realizando operações que se aproximam progressivamente do conjunto de instruções da máquina.

- Na camada exterior, os componentes servem as operações da interface do utilizador.

- Na camada interna, os componentes realizam a interface com o sistema operativo.

- As camadas intermédias fornecem serviços utilitários e funções de software de aplicação.

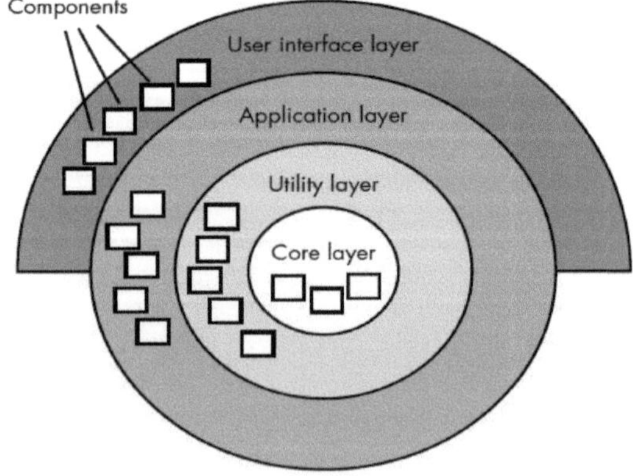

- À medida que o modelo de requisitos é desenvolvido, notará que o software deve abordar uma série de problemas gerais que abrangem toda a aplicação.

- Por exemplo, o modelo de requisitos para praticamente todas as aplicações de comércio eletrónico depara-se com o seguinte problema: *Como oferecer uma vasta gama de produtos a uma vasta gama de clientes e permitir que esses clientes comprem os nossos produtos em linha?*

- Os padrões arquitectónicos abordam um problema específico de uma aplicação num contexto específico e sob um conjunto de limitações e restrições. O padrão propõe uma solução arquitetónica que pode servir de base para a conceção da arquitetura.

Organização e aperfeiçoamento

- Uma vez que o processo de conceção deixa frequentemente uma série de alternativas arquitectónicas, é importante estabelecer um conjunto de critérios de conceção que possam ser utilizados para avaliar uma conceção arquitetónica derivada.

Controlo

- Como é gerido o controlo na arquitetura? Existe uma hierarquia de controlo distinta e, em caso afirmativo, qual é o papel dos componentes nessa hierarquia de controlo? Como é que os componentes transferem o controlo dentro do sistema? Como é que o controlo é partilhado entre os componentes? Qual é a topologia de controlo (ou seja, a forma geométrica que o controlo assume)? O controlo é sincronizado ou os componentes funcionam de forma assíncrona?

Dados

- Como é que os dados são comunicados entre os componentes? O fluxo de dados é contínuo ou os objectos de dados são transmitidos ao sistema esporadicamente? Qual é o modo de transferência de dados (ou seja, os dados são passados de um componente para outro ou estão disponíveis globalmente para serem partilhados entre os componentes do sistema)? Existem componentes de dados (por exemplo, um quadro negro ou um repositório) e, em caso afirmativo, qual é o seu papel? Como é que os componentes funcionais interagem com os componentes de dados? Os componentes de dados são passivos ou activos (ou seja, o componente de dados interage ativamente com outros componentes do sistema)? Como é que os dados e o controlo interagem no sistema?

Conceção arquitetónica

- No início da conceção da arquitetura, o software a desenvolver deve ser contextualizado, ou seja, a conceção deve definir as entidades externas (outros sistemas, dispositivos, pessoas) com as quais o software interage e a natureza dessa interação.

1. Representar o sistema no contexto

2. Definir arquétipos

3. Refinar a arquitetura em componentes

4. Descrever as instanciações do sistema

1. Representar o sistema no contexto

- Utilizar um diagrama de contexto arquitetónico (ACD) que mostre

- A identificação e o fluxo de todas as informações que entram e saem de um sistema

- A especificação de todas as interfaces

- Qualquer processamento de apoio relevante de/por outros sistemas

- Um ACD modela a forma como o software interage com entidades externas aos seus limites

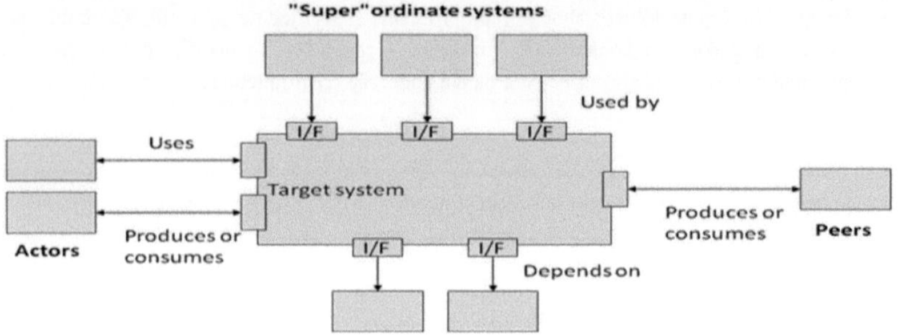

- Um ACD identifica os sistemas que interoperam com o sistema de destino

  - Sistemas superordenados

    - Utilizar o sistema de destino como parte de um esquema de processamento de nível superior

  - Sistemas subordinados

    - os sistemas que são utilizados pelo sistema-alvo e fornecem dados ou processamento necessários para completar a funcionalidade do sistema-alvo

  - Sistemas ao nível dos pares

    - Interagir numa base peer-to-peer com o sistema de destino para produzir ou consumir pelos pares e pelo sistema de destino

  - Actores

    - Pessoas ou dispositivos que interagem com o sistema alvo para produzir ou consumir dados

2. Definir arquétipos

- Os arquétipos indicam as abstracções importantes no domínio do problema (ou seja, modelam a informação)

- Um arquétipo é uma classe ou padrão que representa uma abstração central que é crítica para a conceção de uma arquitetura para o sistema alvo

- Para conceber sistemas relativamente complexos, é necessário apenas um conjunto relativamente pequeno de arquétipos

- A arquitetura do sistema alvo é composta pelos seguintes arquétipos

  - Representam elementos estáveis da arquitetura

  - Podem ser instanciados de diferentes formas com base no comportamento do sistema

  - Podem ser derivados do modelo de classe de análise

- Os arquétipos e as suas relações podem ser ilustrados num diagrama de classes UML

- Nó - Representa um conjunto coeso de elementos de entrada e saída da função de segurança doméstica

- Detetor/Sensor - Uma abstração que engloba todo o equipamento de deteção que alimenta o sistema alvo com informações.

- Indicador - Uma abstração que representa todos os mecanismos (por exemplo, sirene de alarme, luzes intermitentes, campainha) para indicar que está a ocorrer uma condição de alarme.

- Controlador - Uma abstração que representa o mecanismo que permite armar ou desarmar um nó. Se os controladores residirem numa rede, têm a capacidade de comunicar entre si.

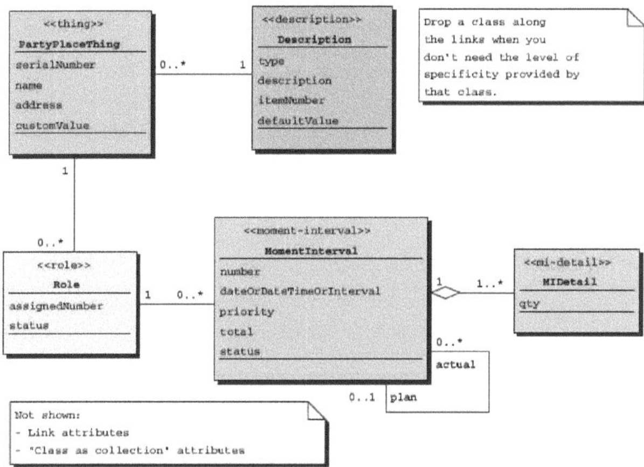

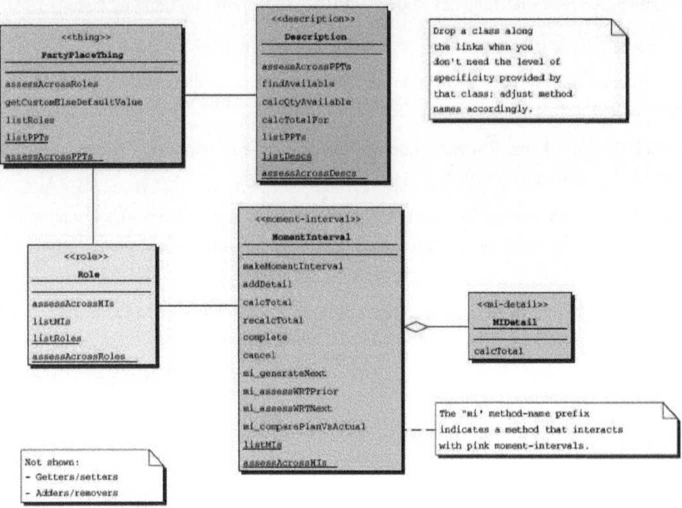

3. Refinar a arquitetura em componentes

* Com base nos arquétipos, o projetista de arquitetura refina a arquitetura do software em componentes para ilustrar a estrutura global e o estilo arquitetónico do sistema

* Estes componentes provêm de várias fontes

    – O domínio de aplicação fornece componentes de aplicação, que são as classes de domínio no modelo de análise que representam entidades no mundo real

    – O domínio da infraestrutura fornece componentes de conceção (ou seja, classes de conceção) que permitem componentes de aplicação mas não têm qualquer ligação comercial

        * Exemplos: gestão da memória, comunicação, base de dados e gestão de tarefas

* Estes componentes provêm de várias fontes

    – As interfaces no ACD implicam um ou mais componentes especializados que processam os dados que atravessam a interface

Refinar a arquitetura em componentes

* Com base nos arquétipos, o projetista de arquitetura refina a arquitetura do software em componentes para ilustrar a estrutura global e o estilo arquitetónico do sistema

* Estes componentes provêm de várias fontes

    – O domínio de aplicação fornece componentes de aplicação, que são as classes de domínio no modelo de análise que representam entidades no mundo real

    – O domínio da infraestrutura fornece componentes de conceção (ou seja, classes de conceção) que permitem componentes de aplicação mas não têm qualquer ligação comercial

- Exemplos: gestão da memória, comunicação, base de dados e gestão de tarefas

- Estes componentes provêm de várias fontes

  - As interfaces no ACD implicam um ou mais componentes especializados que processam os dados que atravessam a interface

4. Descrever instanciações do sistema

- A conceção arquitetónica que foi modelada até agora é ainda de nível relativamente elevado.

- O contexto do sistema foi representado, os arquétipos que indicam as abstracções importantes no domínio do problema foram definidos, a estrutura global do sistema é evidente e os principais componentes de software foram identificados.

- No entanto, é ainda necessário um maior aperfeiçoamento (recorde-se que toda a conceção é iterativa).

Avaliação de projectos de arquitetura alternativos:

- A conceção resulta numa série de alternativas arquitectónicas que são avaliadas para determinar qual é a mais adequada para o problema a resolver.

1. Um método de análise de compromisso de arquitetura

   O Software Engineering Institute (SEI) desenvolveu um método de análise de compromisso de arquitetura que estabelece um processo de avaliação iterativo para arquitecturas de software. As actividades de análise de conceção que se seguem são realizadas de forma iterativa:

   - Recolher cenários. É desenvolvido um conjunto de casos de utilização para representar o sistema do ponto de vista do utilizador.

   - Obter requisitos, restrições e descrição do ambiente. Esta informação é determinada como parte da engenharia de requisitos e é utilizada para garantir que todas as preocupações das partes interessadas foram tidas em conta.

   - Descrever os estilos/padrões de arquitetura que foram escolhidos para responder aos cenários e requisitos.

   - Avaliar os atributos de qualidade considerando cada atributo isoladamente.

   - Identificar a sensibilidade dos atributos de qualidade a vários atributos arquitectónicos para um estilo arquitetónico específico.

   - Criticar as arquitecturas candidatas (desenvolvidas na etapa 3) utilizando a análise de sensibilidade realizada.

2. Complexidade arquitetónica

   Uma técnica útil para avaliar a complexidade global de uma arquitetura proposta consiste em considerar as dependências entre os componentes da arquitetura. Estas dependências são determinadas pelo fluxo de informação/controlo no interior do sistema.

3. Linguagens de descrição de arquitecturas

•A linguagem de descrição arquitetural (ADL) fornece uma semântica e uma sintaxe para descrever a arquitetura do software.

•A ADL deve dar ao projetista a capacidade de decompor componentes arquitectónicos, compor componentes individuais em blocos arquitectónicos maiores e representar interfaces (mecanismos de ligação) entre componentes.

•Uma vez estabelecidas técnicas descritivas e baseadas na linguagem para a conceção de arquitecturas, é mais provável que sejam estabelecidos métodos de avaliação eficazes para as arquitecturas à medida que a conceção evolui.

<u>Mapeamento arquitetónico utilizando o fluxo de dados</u>

- O mapeamento de transformação é um conjunto de etapas de conceção que permite que um DFD com características de fluxo de transformação seja mapeado para um estilo arquitetónico específico.

    – A informação deve entrar e sair do software num "mundo externo". Esses dados externalizados têm de ser convertidos numa forma interna para processamento. A informação entra ao longo de caminhos que transformam os dados externos numa forma interna. Estes caminhos são identificados como *Fluxo de entrada*.

    – Os dados de entrada são transformados através de um centro de transformação e movem-se ao longo dos caminhos que agora conduzem "para fora" do software. Os dados que se deslocam ao longo destes caminhos são designados por *fluxo de saída*.

- Fluxo de transacções

    – O fluxo de informação é frequentemente caracterizado por um único item de dados, denominado *transação,* que desencadeia outro fluxo de dados ao longo de um de muitos caminhos

    – O fluxo de transacções é caracterizado pela movimentação de dados ao longo de um caminho de entrada que converte a informação do mundo externo numa transação

    – A transação é avaliada e, com base no seu valor, é iniciado o fluxo ao longo de uma das muitas vias de ação. O centro de informação do qual emanam muitas vias de ação é designado por *centro de transação*

Flow Characteristics

1. Rever o modelo fundamental do sistema.

2. Rever e aperfeiçoar os diagramas de fluxo de dados para o software

3. Determinar se o DFD tem características de fluxo de transformação ou de transação.

4. Isolar o centro de transformação especificando limites de fluxo de entrada e de saída.

5. Realizar o "factoring de primeiro nível"

6. Realizar o "factoring de segundo nível"

7. Aperfeiçoar a arquitetura de primeira iteração utilizando heurísticas de conceção para melhorar a qualidade do software.

Mapeamento de transformação

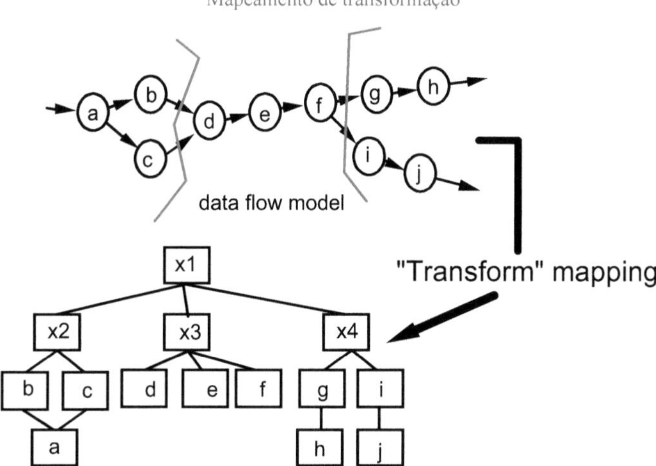

Factoring

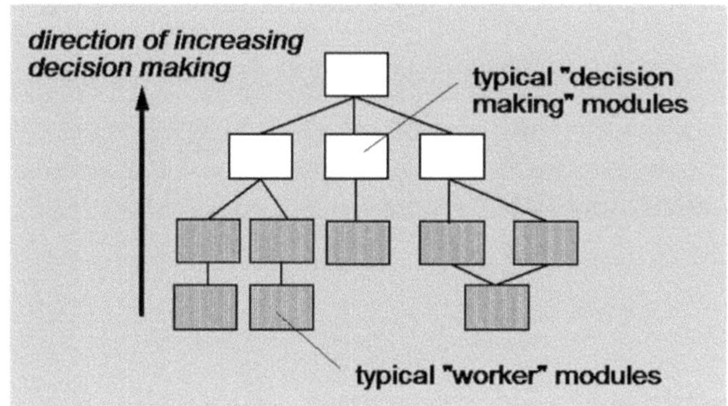

First Level Factoring

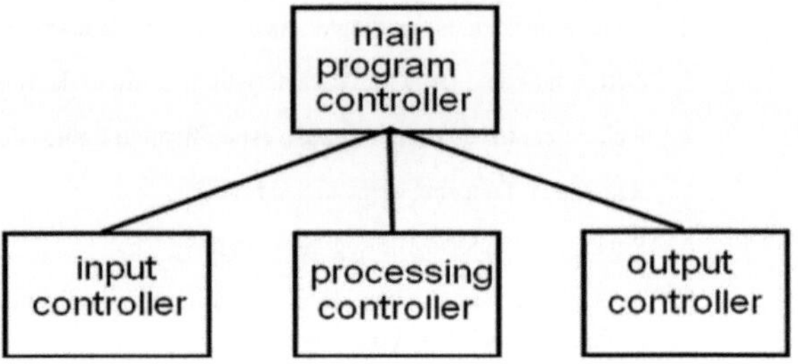

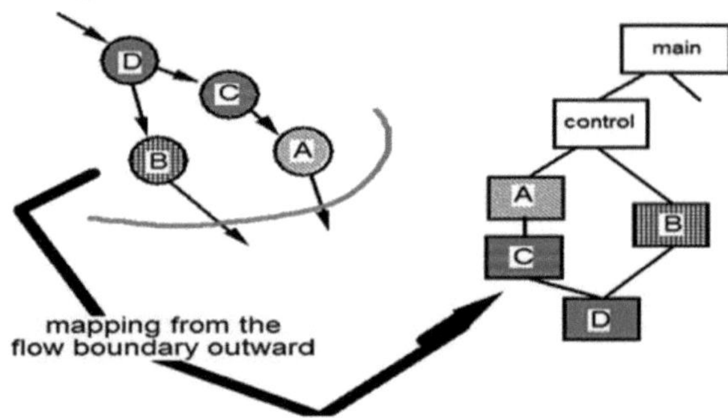

Mapeamento de transacções

1. Rever o modelo fundamental do sistema.

2. Rever e aperfeiçoar os diagramas de fluxo de dados para o software

3. Determinar se o DFD tem características de fluxo de transformação ou de transação.

4. Isolar o centro de transacções e as características do fluxo ao longo de cada um dos caminhos de ação.

5. Mapear o DFD numa estrutura de programa passível de processamento de transacções.

6. Fatorizar e aperfeiçoar a estrutura da transação e a estrutura de cada caminho de ação.

7. Aperfeiçoar a arquitetura de primeira iteração utilizando heurísticas de conceção para melhorar a qualidade do software.

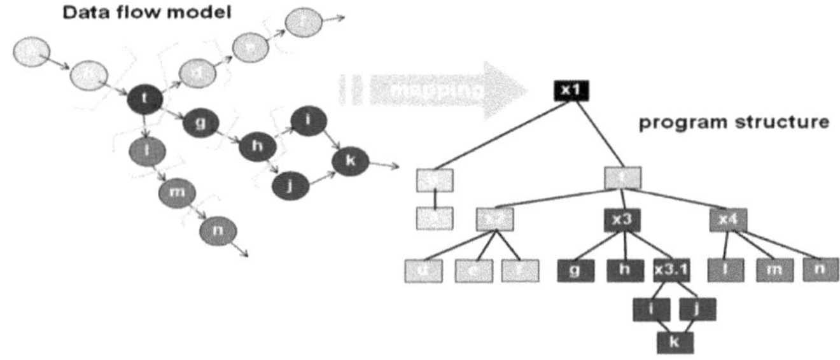

Isolate Flow Paths

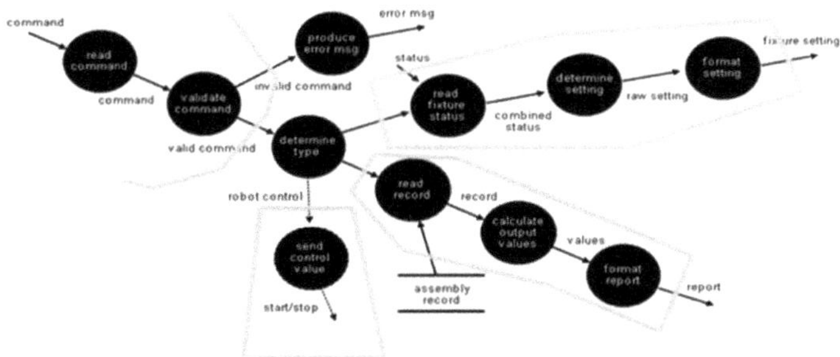

Mapear o modelo de fluxo

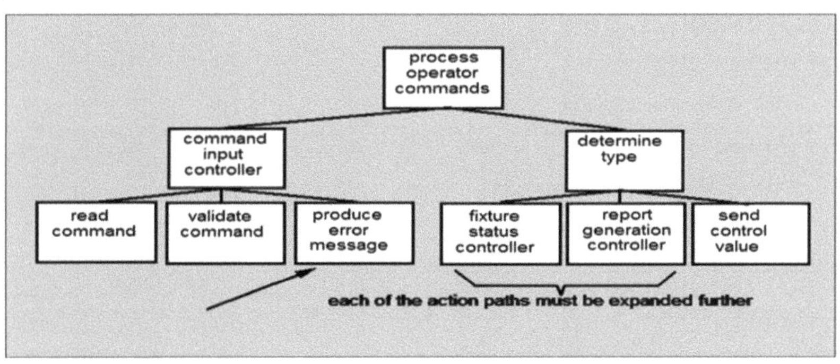

Refining

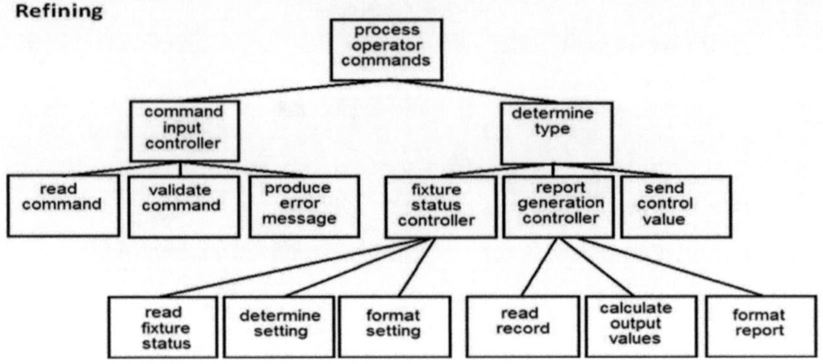

2. Aperfeiçoamento da conceção arquitetónica

- Qualquer discussão sobre o aperfeiçoamento da conceção deve ser precedida do seguinte comentário:

- "Lembre-se que uma 'conceção óptima' que não funciona tem um mérito questionável."

- Deve preocupar-se em desenvolver uma representação de software que cumpra todos os requisitos funcionais e de desempenho e que mereça ser aceite com base em medidas de conceção e heurísticas.

- Deve ser encorajado o aperfeiçoamento da arquitetura do software durante as fases iniciais da conceção.

Análise da interface

> Análise da interface:

1. Análise do utilizador

2. Análise e modelação de tarefas

3. Análise do conteúdo do ecrã

4. Análise do ambiente de trabalho

Um princípio fundamental de todos os modelos de processos de engenharia de software é o seguinte: *compreender o problema antes de tentar conceber uma solução.*

No caso da conceção da interface do utilizador, compreender o problema significa compreender:

(1) as pessoas (utilizadores finais) que irão interagir com o sistema através da interface

(2) as tarefas que os utilizadores finais devem executar para realizar o seu trabalho

(3) o conteúdo que é apresentado como parte da interface

(4) o ambiente em que essas tarefas serão realizadas

1. Análise do utilizador:

- A expressão "interface do utilizador" é provavelmente toda a justificação necessária para passar algum tempo a compreender o utilizador antes de se preocupar com questões técnicas.

- Cada utilizador tem uma imagem mental do software que pode ser diferente da imagem mental desenvolvida por outros utilizadores.

- A imagem mental do utilizador pode ser muito diferente do modelo de conceção do engenheiro de software.

Para o efeito, podem ser utilizadas informações provenientes de um vasto leque de fontes:

- Entrevistas com utilizadores
- Entrada de vendas
- Contribuição de marketing
- Entrada de apoio

2. Análise e modelação de tarefas:

O objetivo da análise de tarefas é responder às seguintes questões:

- Que trabalho irá o utilizador realizar em circunstâncias específicas?

- Que tarefas e subtarefas serão executadas enquanto o utilizador realiza o trabalho?

- Que objectos específicos do domínio do problema serão manipulados pelo utilizador durante a execução do trabalho?

- Qual é a sequência das tarefas de trabalho - o fluxo de trabalho?

- Qual é a hierarquia das tarefas?

Técnicas que se aplicam à interface do utilizador

- Casos de utilização
- Elaboração de tarefas
- Elaboração de objectos
- Análise do fluxo de trabalho
- Representação hierárquica
  - Principais características da interface:
    1. Cada utilizador executa tarefas diferentes através da interface; por conseguinte, o aspeto e a sensação da interface concebida para o doente serão diferentes da interface definida para os farmacêuticos ou os médicos.

    2. A conceção da interface para farmacêuticos e médicos deve permitir o acesso e a visualização de informações provenientes de fontes de informação secundárias (por exemplo, acesso ao inventário para o farmacêutico e acesso a informações sobre medicamentos alternativos para o médico).

3. Análise do conteúdo do ecrã

Nas aplicações modernas, o conteúdo do ecrã pode variar entre relatórios baseados em caracteres (por exemplo, uma folha de cálculo), apresentações gráficas (por exemplo, um histograma, um modelo 3D, uma imagem de uma pessoa) ou informações especializadas (por exemplo, ficheiros de áudio ou vídeo).

Estes objectos de dados podem ser

(1) Gerados por componentes (não relacionados com a interface) noutras partes de uma aplicação

(2) Adquirida a partir de dados armazenados numa base de dados acessível a partir da aplicação

(3) Transmitidos a partir de sistemas externos à aplicação em causa.

Como é que determinamos o formato e a estética do conteúdo apresentado como parte da IU?

[

- Os diferentes tipos de dados são atribuídos a localizações geográficas consistentes no ecrã (por exemplo, as fotografias aparecem sempre no canto superior direito)?

- O utilizador pode personalizar a localização do conteúdo no ecrã?

- É atribuída uma identificação adequada no ecrã a todos os conteúdos?

- Se for necessário apresentar um relatório de grandes dimensões, como deve ser dividido para facilitar a compreensão?

- Estarão disponíveis mecanismos para passar diretamente para a informação resumida de grandes colecções de dados?

- A saída gráfica será dimensionada para se ajustar aos limites do dispositivo de visualização utilizado?

- Como é que a cor será utilizada para melhorar a compreensão?

- Como é que as mensagens de erro e os avisos são apresentados ao utilizador?

As respostas a estas (e outras) perguntas ajudá-lo-ão a estabelecer requisitos para a apresentação de conteúdos.

5. Análise do ambiente de trabalho

- Em algumas aplicações, a interface do utilizador para um sistema baseado em computador é colocada num "local de fácil utilização" (por exemplo, iluminação adequada, boa altura do ecrã, fácil acesso ao teclado), mas noutras (por exemplo, no chão de uma fábrica ou no cockpit de um avião), a iluminação pode ser insuficiente, o ruído pode ser um fator, um teclado ou um rato podem não ser uma opção, a colocação do ecrã pode não ser a ideal.

- O designer da interface pode ser limitado por factores que prejudicam a facilidade de utilização.

- Para além dos factores ambientais físicos, a cultura do local de trabalho também entra em jogo.

- A interação do sistema será medida de alguma forma (por exemplo, tempo por transação ou precisão de uma transação)? Duas ou mais pessoas terão de partilhar informações antes de poderem dar um input?

- Como será prestado apoio aos utilizadores do sistema?

<u>Etapas de conceção da interface</u>

Etapas da conceção da interface:

1. Aplicação das etapas de conceção da interface
2. Padrões de conceção da interface do utilizador
3. Questões de conceção

1. Aplicação das etapas de conceção da interface

- A definição dos objectos da interface e das acções que lhes são aplicadas é um passo importante na conceção da interface.

- Depois de os objectos e acções terem sido definidos e elaborados iterativamente, são classificados por tipo. São identificados os objectos de destino, de origem e de aplicação.

- Um *objeto de origem* (por exemplo, um ícone de relatório) é arrastado e largado sobre um *objeto de destino* (por exemplo, um ícone de impressora).

- Um *objeto de aplicação* representa dados específicos da aplicação que não são diretamente manipulados como parte da interação do ecrã.

- Por exemplo, uma lista de correio eletrónico é utilizada para armazenar nomes para um correio eletrónico. A própria lista pode ser ordenada, fundida ou eliminada (acções baseadas em menus), mas não é arrastada e largada através da interação do utilizador.

2. Padrões de conceção da interface do utilizador

- As interfaces gráficas de utilizador tornaram-se tão comuns que uma grande variedade de interfaces de utilizador

  surgiram padrões de design.

- Um padrão de conceção é uma abstração que prescreve uma solução de conceção para um problema de conceção específico e bem delimitado.

- Na última década, foi proposto um vasto conjunto de padrões de conceção de interfaces.

3. Questões de conceção

À medida que a conceção de uma interface de utilizador evolui, há quatro questões de conceção comuns que quase sempre superfície:

1. Tempo de resposta do sistema

2. Facilidades de ajuda ao utilizador

3. Tratamento de informações sobre erros

4. Etiquetagem de comandos

<u>Conceção de componentes baseados em classes</u>

Conceber componentes baseados em classes

1. Princípios básicos de conceção

2. Directrizes de conceção ao nível do componente

3. Coesão

4. Acoplamento

A conceção a nível de componentes centra-se na elaboração de classes de análise (classes específicas do domínio do problema) e na definição e aperfeiçoamento de classes de infra-estruturas

O objetivo da utilização de princípios de conceção é criar concepções que sejam mais susceptíveis de serem alteradas e reduzir a propagação de efeitos secundários quando ocorrem alterações

1. Princípios básicos de conceção

- Princípio da responsabilidade única

- Princípio aberto-fechado

- Princípio de substituição de Liskov

- Princípio da inversão da dependência

- Segregação de interfaces Princípio

2. Directrizes de conceção ao nível do componente

Para além dos princípios discutidos, pode ser aplicado um conjunto de orientações pragmáticas de conceção à medida que a conceção ao nível dos componentes avança.

Estas directrizes aplicam-se aos componentes, às suas interfaces e às dependências e características de herança e de hereditariedade que têm impacto na conceção resultante.

- Componentes: Devem ser estabelecidas convenções de nomeação para os componentes que são especificados como parte do modelo de arquitetura e depois refinados e elaborados como parte do modelo ao nível dos componentes.

- Interfaces: As interfaces fornecem informações importantes sobre a comunicação e a colaboração

- Dependências e herança: Para melhorar a legibilidade, é uma boa ideia modelar as dependências da esquerda para a direita e a herança de baixo (classes derivadas) para cima (classes de base).

3. Coesão

- O "espírito único" de um componente.

- A coesão implica que um único componente ou classe encapsula apenas atributos e operações que estão intimamente relacionados entre si e com a própria classe ou componente.

- Tipos de coesão

    o Funcional

    o Camada

    o Comunicação

4. Acoplamento

- Acoplamento ou dependência é o grau em que cada módulo do programa depende de cada um dos outros módulos.

- O acoplamento é normalmente contrastado com a coesão. Um baixo nível de acoplamento está frequentemente associado a uma elevada coesão e vice-versa

- O baixo acoplamento é frequentemente um sinal de um sistema informático bem estruturado e de uma boa conceção e, quando combinado com uma elevada coesão, apoia os objectivos gerais de elevada legibilidade e facilidade de manutenção.

Diferentes categorias de acoplamento:

- Acoplamento de conteúdo. Ocorre quando um componente "modifica sub-repticiamente dados que são internos a outro componente" [Let01]. Isto viola a ocultação de informação - um conceito básico de design.

- Acoplamento comum. Ocorre quando vários componentes utilizam uma variável global. Embora isto seja por vezes necessário (por exemplo, para estabelecer valores por defeito que são aplicáveis em toda a aplicação), o acoplamento comum pode levar à propagação descontrolada de erros e a efeitos secundários imprevistos quando são efectuadas alterações.

- Acoplamento de controlo. Ocorre quando a operação A() invoca a operação B() e passa um sinalizador de controlo a B. O sinalizador de controlo "dirige" então o fluxo lógico dentro de B. O problema com esta forma de acoplamento é que uma alteração não relacionada em B pode resultar na necessidade de alterar o significado do sinalizador de controlo que A passa. Se isto não for tido em conta, o resultado será um erro. Acoplamento de carimbo. Ocorre quando a ClasseB é declarada como um tipo para um argumento de uma operação da ClasseA. Uma vez que a ClasseB faz agora parte da definição da ClasseA, a modificação do sistema torna-se mais complexa.

- Acoplamento de dados. Ocorre quando as operações passam longas cadeias de argumentos de dados. A "largura de banda" da comunicação entre classes e componentes cresce e a complexidade da interface aumenta. Os testes e a manutenção são mais difíceis.

- Acoplamento de chamadas de rotina. Ocorre quando uma operação invoca outra. Este nível de acoplamento é comum e muitas vezes necessário. No entanto, aumenta a conetividade de um sistema.

- Acoplamento de utilização de tipos. Ocorre quando o componente A utiliza um tipo de dados definido no componente B (por exemplo, ocorre sempre que "uma classe declara uma variável de instância ou uma variável local como tendo outra classe como tipo" [Let01]). Se a definição do tipo muda, todos os componentes que usam a definição também devem mudar.

- Acoplamento de inclusão ou importação. Ocorre quando o componente A importa ou inclui um pacote ou o conteúdo do componente B.

- Acoplamento externo. Ocorre quando um componente comunica ou colabora com componentes da infraestrutura (por exemplo, funções do sistema operativo, capacidade da base de dados, funções de telecomunicações). Embora este tipo de acoplamento seja necessário, deve ser limitado a um pequeno número de componentes ou classes num sistema.

<u>Componentes tradicionais</u>

Conceção de componentes tradicionais

- Notação de desenho gráfico

- Notação de desenho tabular

- Linguagem de conceção de programas

As construções de design convencionais enfatizam a capacidade de manutenção de um programa funcional/procedimental

- Cada construção tem uma estrutura lógica previsível em que o controlo entra no topo e sai no fundo, permitindo a um responsável pela manutenção seguir facilmente o fluxo processual

- Várias notações descrevem a utilização destas construções

  - Notação de desenho gráfico

    - Sequência, se-então-então, seleção, repetição

  - Notação de desenho tabular

  - Linguagem de conceção de programas

1. Notação de desenho gráfico

- "Uma imagem vale mais do que mil palavras", mas é muito importante saber que imagem e que mil palavras.

- Não há dúvida de que as ferramentas gráficas, tais como o diagrama de actividades UML ou o fluxograma, fornecem padrões pictóricos úteis que retratam facilmente os pormenores processuais.

- No entanto, se as ferramentas gráficas forem mal utilizadas, a imagem errada pode conduzir ao software errado.

- O diagrama de atividade permite representar a sequência, a condição e a repetição.

- todos os elementos da programação estruturada - e é um descendente de uma representação pictórica de design anterior (ainda muito utilizada) chamada fluxograma.

- Um fluxograma, tal como um diagrama de actividades, é bastante simples do ponto de vista pictórico. Uma caixa é utilizada para indicar uma etapa de processamento. Um losango representa uma condição lógica e as setas indicam o fluxo de controlo. A sequência é representada por duas caixas de processamento ligadas por uma linha (seta) de controlo.

2. Notação de desenho tabular

As etapas seguintes são aplicadas para desenvolver um quadro de decisão:

1. Lista de todas as <u>acções</u> que podem ser associadas a um procedimento (ou módulo) específico

2. Lista de todas as <u>condições</u> (ou decisões tomadas) durante a execução do procedimento

3. <u>Associar</u> conjuntos específicos de condições a acções específicas, eliminando combinações impossíveis de condições; em alternativa, desenvolver todas as permutações possíveis de condições

4. Definir <u>regras</u>, indicando que ação(ões) ocorre(m) para um conjunto de condições.

3. Linguagem de conceção de programas

- A linguagem de conceção de programas (PDL), também designada por inglês estruturado ou pseudocódigo, incorpora a estrutura lógica de uma linguagem de programação com a capacidade de expressão de forma livre de uma linguagem natural (por exemplo, inglês).

- O texto narrativo (por exemplo, inglês) é integrado numa sintaxe semelhante à de uma linguagem de programação. Podem ser utilizadas ferramentas automatizadas (por exemplo, [Cai03]) para melhorar a aplicação da PDL.

- Uma sintaxe PDL básica deve incluir construções para definição de componentes, descrição de interfaces, declaração de dados, estruturação de blocos, construções de condições, construções de repetição e construções de entrada-saída (E/S).

- A PDL pode ser alargada para incluir palavras-chave para multitarefa e/ou processamento concorrente, tratamento de interrupções, sincronização entre processos e muitas outras funcionalidades.

MÓDULO-IV

ENSAIO E APLICAÇÃO

Fundamentos do teste de software: Perspectivas internas e externas dos testes, testes de caixa branca, testes de base, testes de estrutura de controlo, testes de caixa negra, testes de regressão, testes unitários, testes de integração, testes de validação, testes de sistemas e depuração; Técnicas de implementação de software: Práticas de codificação, refactoring.

Fundamentos de teste de software

O objetivo dos testes é encontrar erros, e um bom teste é aquele que tem uma elevada probabilidade de encontrar um erro. Por conseguinte, deve conceber e implementar um sistema baseado em computador ou um produto tendo em mente a "testabilidade". Ao mesmo tempo, os próprios testes devem apresentar um conjunto de características que permitam atingir o objetivo de encontrar o maior número de erros com um mínimo de esforço.

Testabilidade. James fornece a seguinte definição para testabilidade: "A testabilidade do software é simplesmente a facilidade com que [um programa de computador] pode ser testado." As seguintes características levam a um software testável.

Operacionalidade. "Quanto melhor funcionar, mais eficazmente pode ser testado." Se um sistema for concebido e implementado com a qualidade em mente, relativamente poucos bugs bloquearão a execução dos testes, permitindo que os testes progridam sem ajustes e inícios.

Observabilidade. "O que se vê é o que se testa". As entradas fornecidas como parte do teste produzem saídas distintas. Os estados e as variáveis do sistema são visíveis ou podem ser consultados durante a execução. A saída incorrecta é facilmente identificada. Os erros internos são automaticamente detectados e comunicados. O código fonte é acessível.

Controlabilidade. "Quanto melhor pudermos controlar o software, mais os testes podem ser automatizados e optimizados." Todas as saídas possíveis podem ser geradas através de alguma combinação de entrada, e os formatos de E/S são consistentes e estruturados. Todo o código é executável através de uma combinação de entradas. Os estados e variáveis do software e do hardware podem ser controlados diretamente pelo engenheiro de testes. Os testes podem ser convenientemente especificados, automatizados e reproduzidos.

Decomponibilidade. "Ao controlar o âmbito dos testes, podemos isolar mais rapidamente os problemas e efetuar novos testes de forma mais inteligente." O sistema de software é construído a partir de módulos independentes que podem ser testados de forma independente.

Simplicidade. "Quanto menos houver para testar, mais rapidamente podemos testá-lo." O programa deve exibir simplicidade funcional (por exemplo, o conjunto de recursos é o mínimo necessário para atender aos requisitos); simplicidade estrutural (por exemplo, a arquitetura é modularizada para limitar a propagação de falhas) e simplicidade de código (por exemplo, um padrão de codificação é adotado para facilitar a inspeção e a manutenção).

Estabilidade. "Quanto menos alterações, menos interrupções nos testes." As alterações ao software não são frequentes, são controladas quando ocorrem e não invalidam os testes existentes. O software recupera bem de falhas.

Compreensibilidade. "Quanto mais informação tivermos, mais inteligentes serão os nossos testes." A conceção da arquitetura e as dependências entre componentes internos, externos e partilhados são bem compreendidas. A documentação técnica é instantaneamente acessível, bem organizada, específica e detalhada, e precisa. As alterações ao design são comunicadas aos testadores.

O que é um bom teste?

Características dos testes. E quanto aos testes propriamente ditos? Kaner, Falk e Nguyen [Kan93] sugerem os seguintes atributos de um "bom" teste:

Um bom teste tem uma elevada probabilidade de encontrar um erro. Para atingir este objetivo, o testador deve compreender o software e tentar desenvolver uma imagem mental de como o software pode falhar. Idealmente, as classes de falha são sondadas. Por exemplo, uma classe de falha potencial numa interface gráfica do utilizador é a incapacidade de reconhecer a posição correcta do rato. Um conjunto de testes seria concebido para exercitar o rato, numa tentativa de demonstrar um erro no reconhecimento da posição do rato.

Um bom teste não é redundante. O tempo e os recursos dos testes são limitados. Não faz sentido realizar um teste que tenha o mesmo objetivo que outro teste. Cada teste deve ter um objetivo diferente (mesmo que seja subtilmente diferente).

Um bom teste deve ser "best of breed" [Kan93]. Num grupo de testes que têm uma intenção semelhante, as limitações de tempo e de recursos podem levar à execução de apenas um subconjunto desses testes. Nesses casos, deve ser utilizado o teste que tem a maior probabilidade de descobrir toda uma classe de erros.

Um bom teste não deve ser nem demasiado simples nem demasiado complexo. Embora por vezes seja possível combinar uma série de testes num único caso de teste, os possíveis efeitos secundários associados a esta abordagem podem ocultar erros. Em geral, cada teste deve ser executado separadamente.

Visões internas e externas dos ensaios

- Qualquer produto de engenharia (e a maioria das outras coisas) pode ser testado de uma de duas formas:

(1) Conhecendo a função especificada que um produto foi concebido para desempenhar, podem ser efectuados ensaios que demonstrem que cada função está plenamente operacional, procurando simultaneamente erros em cada função.

(2) Conhecendo o funcionamento interno de um produto, podem ser efectuados ensaios para garantir que "todas as engrenagens encaixam", ou seja, que as operações internas são realizadas de acordo com as especificações e que todos os componentes internos foram adequadamente exercitados.

- A primeira abordagem de teste adopta uma visão externa e é designada por teste de caixa negra. A segunda requer uma visão interna e é designada por teste de caixa branca.
- Os testes de caixa negra referem-se a testes que são efectuados na interface do software. Um teste de caixa negra examina um aspeto fundamental de um sistema com pouca atenção à estrutura lógica interna do software.
- Os testes de caixa branca de software baseiam-se num exame minucioso dos pormenores processuais. Os caminhos lógicos através do software e as colaborações entre componentes são testados através do exercício de conjuntos específicos de condições e/ou loops.
- Os testes de caixa branca conduziriam a "programas 100% correctos". O que é necessário fazer é definir todos os caminhos lógicos, desenvolver casos de teste para os exercitar e avaliar os resultados, ou seja, gerar casos de teste para exercitar exaustivamente a lógica do programa.
- Um número limitado de caminhos lógicos importantes pode ser selecionado e exercitado. As estruturas de dados importantes podem ser sondadas quanto à sua validade.

Teste de caixa branca

- O teste de caixa branca é a investigação pormenorizada da lógica interna e da estrutura do código.
- Testes de caixa branca, por vezes designados por testes de caixa de vidro ou testes de caixa aberta.
- É uma filosofia de conceção de casos de teste que utiliza a estrutura de controlo descrita como parte da conceção ao nível dos componentes para derivar casos de teste.
- O testador precisa de dar uma vista de olhos no código-fonte e descobrir que unidade/parte do código está a comportar-se de forma inadequada.
- Utilizando métodos de teste de caixa branca, é possível derivar casos de teste que

(1) Garantir que todas as vias independentes de um módulo tenham sido exercitadas pelo menos uma vez,

(2) Exercitar todas as decisões lógicas nos seus lados verdadeiro e falso,

(3) Executar todos os loops nos seus limites e dentro dos seus limites operacionais, e

(4) Exercitar as estruturas de dados internas para garantir a sua validade.

Vantagens	Desvantagens
Uma vez que o verificador tem conhecimento do código fonte, torna-se muito fácil descobrir que tipo de dados pode ajudar a testar a aplicação de forma eficaz	Devido ao facto de ser necessário um testador qualificado para realizar os testes de caixa branca, os custos aumentam.
Ajuda a otimizar o código.	Por vezes, é impossível analisar todos os cantos e recantos para descobrir erros ocultos que podem criar problemas, uma vez que muitos caminhos não são testados.
Podem ser removidas linhas de código adicionais que podem introduzir defeitos ocultos.	É difícil manter os testes de caixa branca, uma vez que requer ferramentas especializadas, como analisadores de código e ferramentas de depuração.
Devido ao conhecimento do testador sobre o código, a cobertura máxima é alcançada durante a redação do cenário de teste.	

Teste da trajetória de base:

- O teste do caminho de base é uma técnica de teste de caixa branca.

- O método do caminho de base permite ao projetista de casos de teste derivar uma medida de complexidade lógica de uma conceção processual e utilizar esta medida como guia para definir um conjunto de caminhos de execução de base.

- Os casos de teste derivados para exercitar o conjunto de base são garantidos para executar cada declaração no programa pelo menos uma vez durante o teste.

- ✓ Notação de gráfico de fluxo

- ✓ Caminhos de programas independentes

- ✓ Derivação de casos de teste

- ✓ Matrizes de gráficos

1. Notação de gráfico de fluxo

- Uma notação simples para a representação do fluxo de controlo, designada por gráfico de fluxo (ou gráfico de programa).

- O gráfico de fluxo descreve o fluxo de controlo lógico utilizando a notação da figura seguinte.

- As setas designadas por arestas representam o fluxo de controlo

- Os círculos chamados nós representam uma ou mais acções.

- As áreas delimitadas por arestas e nós designam-se por regiões.

- Um nó de predicado é um nó que contém uma condição.

- Qualquer desenho processual pode ser traduzido num gráfico de fluxo.

- Note-se que as expressões booleanas compostas nos testes geram pelo menos dois nós de predicado e arcos adicionais.

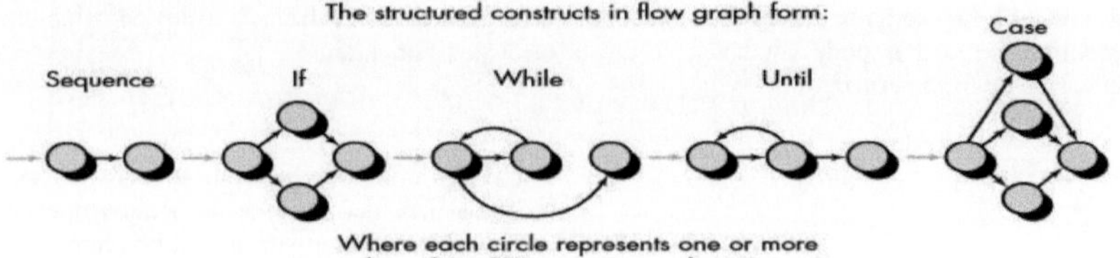

- Para ilustrar a utilização de um gráfico de fluxo, considere a representação da conceção processual na Figura.

- Neste caso, o fluxograma da Figura (a) é utilizado para representar a estrutura de controlo do programa.

- A figura (b) mapeia o fluxograma num gráfico de fluxo correspondente (assumindo que não existem condições compostas nos diamantes de decisão do fluxograma).

- Na Figura (b), cada círculo, designado por nó do grafo de fluxo, representa uma ou mais instruções de procedimento.

- Uma sequência de caixas de processo e um diamante de decisão podem ser mapeados num único nó.

- As setas no gráfico de fluxo, designadas por arestas ou ligações, representam o fluxo de controlo e são análogas às setas do fluxograma.

- Uma aresta deve terminar num nó, mesmo que o nó não represente qualquer instrução processual (por exemplo, ver o símbolo do grafo de fluxo para a construção if-then-else).

- As áreas delimitadas por arestas e nós são designadas por regiões. Ao contar regiões.

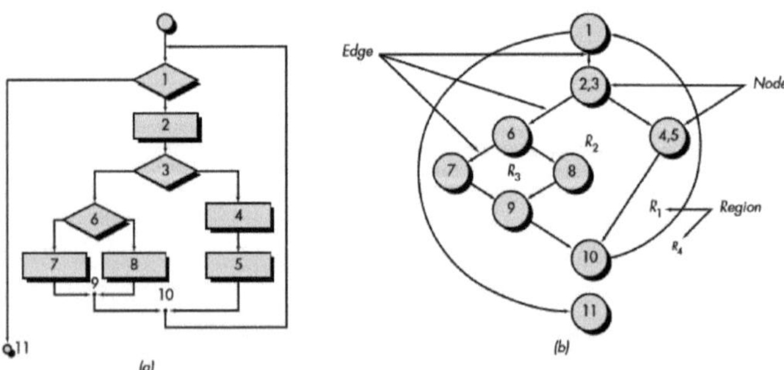

2. Caminhos de programas independentes

- Um caminho independente é qualquer caminho através do programa que introduza pelo menos um novo conjunto de instruções de processamento ou uma nova condição.

- A complexidade ciclomática é uma métrica de software que fornece uma medida quantitativa da complexidade lógica de um programa.

- Quando utilizado no contexto do método de teste do caminho de base, o valor calculado para a complexidade ciclomática define o número de caminhos independentes no conjunto de base de um programa e fornece um limite superior para o número de testes que devem ser realizados para garantir que todas as instruções foram executadas pelo menos uma vez.

- A complexidade ciclomática tem como base a teoria dos grafos e fornece-lhe uma métrica de software extremamente útil. A complexidade é calculada de uma de três formas:

1. O número de regiões do grafo de fluxo corresponde à complexidade ciclomática.

2. A complexidade ciclomática $V(G)$ de um grafo de fluxo G é definida como $V(G) = E - N + 2$ em que E é o número de arestas do grafo de fluxo e N é o número de nós do grafo de fluxo.

3. A complexidade ciclomática $V(G)$ de um grafo de fluxo G também é definida como $V(G) = P + 1$, em que P é o número de nós de predicado contidos no grafo de fluxo G.

3. Derivação de casos de teste

   Os passos seguintes podem ser aplicados para obter o conjunto de bases:

   1. Utilizando o desenho ou o código como base, desenhe um gráfico de fluxo correspondente.

   2. Determinar a complexidade ciclomática do grafo de fluxo resultante.

   3. Determinar um conjunto de base de trajectórias linearmente independentes.

   4. Prepare casos de teste que forçarão a execução de cada caminho no conjunto de base.

4. Matrizes de grafos:

   - Uma estrutura de dados, denominada matriz de grafos, pode ser bastante útil para desenvolver uma ferramenta de software que auxilie no teste do caminho da base.

   - Uma matriz de grafo é uma matriz quadrada cujo tamanho (ou seja, número de linhas e colunas) é igual ao número de nós no grafo de fluxo.

   - Cada linha e coluna corresponde a um nó identificado, e as entradas da matriz correspondem a ligações (uma aresta) entre nós.

   - Um exemplo simples de um grafo de fluxo e da matriz de grafo correspondente é apresentado na Figura.

   - Na figura, cada nó do gráfico de fluxo é identificado por números, enquanto cada aresta é identificada por letras.

   - A entrada de uma letra na matriz corresponde a uma ligação entre dois nós. Por exemplo, o nó 3 está ligado ao nó 4 pela aresta b.

   - A matriz gráfica não é mais do que uma representação tabular de um gráfico de fluxo.

   - Ao adicionar um peso de ligação a cada entrada da matriz, a matriz gráfica pode tornar-se uma ferramenta poderosa para avaliar a estrutura de controlo do programa durante os testes.

- O peso da ligação fornece informações adicionais sobre o fluxo de controlo. Na sua forma mais simples, o peso da ligação é 1 (existe uma ligação) ou 0 (não existe uma ligação).

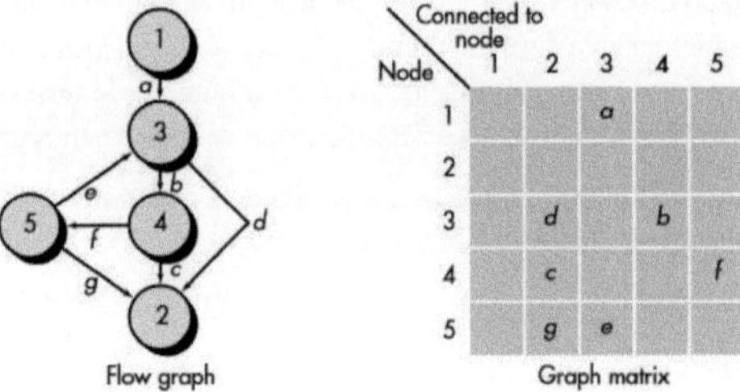

Ensaios de estruturas de controlo:

- Embora o teste da trajetória de base seja simples e altamente eficaz, não é suficiente por si só.

- São necessárias outras variações dos testes da estrutura de controlo. Estas variações alargam a cobertura dos testes e melhoram a qualidade dos testes de caixa branca.

1. Teste de condição:

- O teste de condições é um método de conceção de casos de teste que exercita as condições lógicas contidas num módulo de programa.

- Uma condição simples é uma variável booleana ou uma expressão relacional, possivelmente precedida de um operador NOT ($\neg$).

- Uma expressão relacional tem a forma

E1<operador relacional> E2

- Em que E1 e E2 são expressões aritméticas e <operador relacional> é um dos seguintes:

- Uma condição composta é composta por duas ou mais condições simples, operadores booleanos e parênteses.

- O método de teste de condições centra-se no teste de cada condição do programa para garantir que não contém erros.

2. Teste de fluxo de dados

- O método de teste de fluxo de dados selecciona os caminhos de teste de um programa de acordo com as localizações das definições e utilizações das variáveis no programa. T

- Para ilustrar a abordagem de teste do fluxo de dados, suponha que a cada instrução de um programa é atribuído um número de instrução único e que cada função não modifica os seus parâmetros ou variáveis globais.

- Para uma declaração com S como número de declaração,

- DEF(S)= {X | declaração S contém uma definição de X}

- USE(S) = {X | declaração S contém uma utilização de X}

- Se a expressão S for uma expressão if ou um loop, o seu conjunto DEF está vazio e o seu conjunto USE baseia-se na condição da expressão S. Diz-se que a definição da variável X na expressão S está ativa na expressão S' se existir um caminho da expressão S para a expressão S' que não contenha outra definição de X.

3. Teste de laço

- Os loops são a pedra angular da grande maioria dos algoritmos implementados em software.

- O teste de ciclos é uma técnica de teste de caixa branca que se centra exclusivamente na validade das construções de ciclos.

- Podem ser definidas quatro classes diferentes de loops:

1. Laços simples: O seguinte conjunto de testes pode ser aplicado a loops simples, em que n é o número máximo de passagens permitidas pelo loop.

   1. Saltar completamente o ciclo.

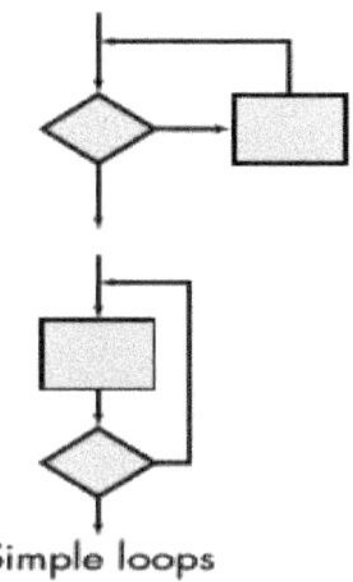

   2. Apenas uma passagem pelo laço.

   3. Duas passagens pelo laço.

   4. m passa pelo loop onde m < n.

   5. n - 1, n, n + 1 passam pelo ciclo.

2. Laços aninhados: Se estendêssemos a abordagem de teste para loops simples a loops aninhados, o número de testes possíveis cresceria geometricamente à medida que o nível de aninhamento aumentasse.

- Beizer sugere uma abordagem que ajudará a reduzir o número de testes:

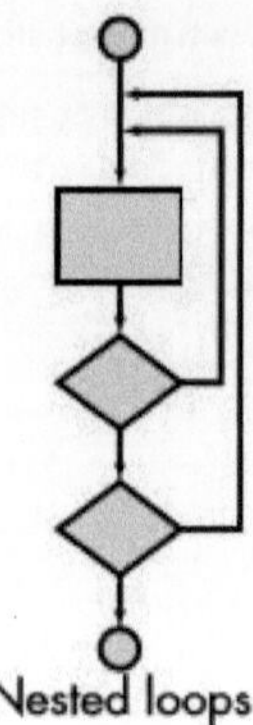

1. Comece pelo loop mais interno. Defina todos os outros loops para valores mínimos.

2. Efetuar testes de ciclos simples para o ciclo mais interno, mantendo os ciclos externos nos seus valores mínimos de parâmetros de iteração (por exemplo, contador de ciclos). Adicione outros testes para valores fora do intervalo ou excluídos.

3. Trabalhe para fora, efectuando testes para o próximo ciclo, mas mantendo todos os outros ciclos exteriores com valores mínimos e os outros ciclos aninhados com valores "típicos".

4. Continue até que todos os loops tenham sido testados.

3. Laços concatenados: Nos loops concatenados, se dois loops são independentes um do outro, então são testados usando loops simples ou então testando-os como loops aninhados. No entanto, se o contador do ciclo de um ciclo for utilizado como valor inicial para os outros, não será considerado um ciclo independente.

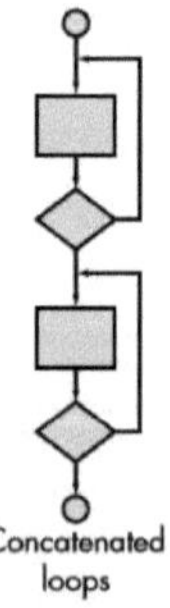

4. Loops não estruturados: Sempre que possível, esta classe de loops deve ser redesenhada para refletir a utilização das construções de programação estruturada.

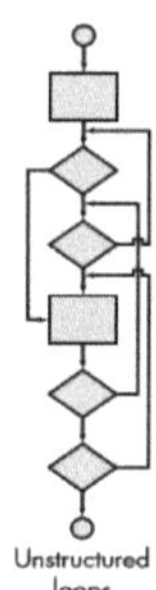

<u>Teste de caixa preta</u>

- Testes de caixa negra, também designados por testes comportamentais.

- Centra-se nos requisitos funcionais do software.

- As técnicas de teste da caixa negra permitem-lhe derivar conjuntos de condições de entrada que exercitarão completamente todos os requisitos funcionais de um programa.

- Os testes de caixa negra tentam encontrar erros nas seguintes categorias:

(1) funções incorrectas ou em falta

(2) erros de interface

(3) erros nas estruturas de dados ou no acesso externo à base de dados

(4) erros de comportamento ou de desempenho

(5) erros de inicialização e de terminação.

Técnicas de teste de caixa preta

1. Métodos de teste baseados em gráficos 2. Particionamento de equivalência

3. Análise de valores de fronteira   4. Teste de matrizes ortogonais

1. Métodos de teste baseados em gráficos

- O primeiro passo nos testes de caixa negra é compreender os objectos5 que são modelados no software e as relações que ligam esses objectos.

- O próximo passo é definir uma série de testes que verificam se "todos os objectos têm a relação esperada entre si".

- Para realizar estes passos, crie um grafo - uma coleção de nós que representam objectos, ligações que representam as relações entre objectos, pesos de nós que descrevem as propriedades de um nó (por exemplo, um valor de dados específico ou um comportamento de estado) e pesos de ligações que descrevem alguma caraterística de uma ligação.

- A representação simbólica de um gráfico é mostrada na figura abaixo.

- Os nós são representados como círculos ligados por ligações que assumem várias formas diferentes.

- Uma ligação direccionada (representada por uma seta) indica que uma relação se move apenas numa direção.

- Uma ligação bidirecional, também designada por ligação simétrica, implica que a relação se aplica em ambas as direcções.

- As ligações paralelas são utilizadas quando são estabelecidas várias relações diferentes entre os nós do grafo.

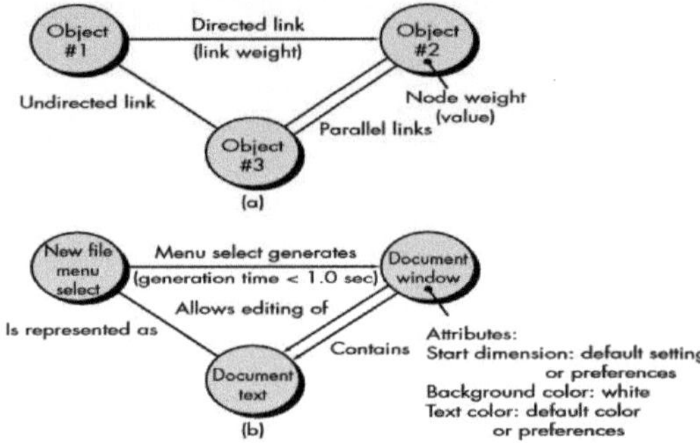

2. Partição de equivalência

- A partição de equivalência é um método de teste de caixa negra que divide o domínio de entrada de um programa em classes de dados a partir das quais os casos de teste podem ser derivados.

- A conceção de casos de teste para o particionamento da equivalência baseia-se numa avaliação das classes de equivalência para uma condição de entrada.

- As classes de equivalência podem ser definidas de acordo com as seguintes directrizes:

  ❖ Se uma condição de entrada especificar um intervalo, são definidas uma classe de equivalência válida e duas inválidas.

  ❖ Se uma condição de entrada exigir um valor específico, são definidas uma classe de equivalência válida e duas classes de equivalência inválidas.

  ❖ Se uma condição de entrada especificar um membro de um conjunto, são definidas uma classe de equivalência válida e uma inválida.

  ❖ Se uma condição de entrada for booleana, são definidas uma classe válida e uma classe inválida.

3. Análise do valor de fronteira

- Ocorre um maior número de erros nos limites do domínio de entrada do que no "centro do domínio de entrada".

- Por esta razão, a análise do valor-limite (BVA) foi desenvolvida como uma técnica de teste

- A análise dos valores-limite conduz a uma seleção de casos de teste que exercem valores-limite.

- O BVA leva à seleção de casos de teste nas "extremidades" da classe. Em vez de se concentrar apenas nas condições de entrada.

- O BVA também deriva casos de teste do domínio de saída.

- As directrizes para o BVA são semelhantes, em muitos aspectos, às fornecidas para a partição de equivalência:

1. Se uma condição de entrada especificar um intervalo limitado pelos valores a e b, os casos de teste devem ser concebidos com os valores a e b e imediatamente acima e abaixo de a e b.

2. Se uma condição de entrada especificar um número de valores, devem ser desenvolvidos casos de teste que exercitem os números mínimo e máximo. Os valores imediatamente acima e abaixo do mínimo e do máximo também são testados.

3. Aplicar as directrizes 1 e 2 às condições de saída. Por exemplo, suponha que uma tabela de temperatura versus pressão é necessária como saída de um programa de análise de engenharia. Os casos de teste devem ser concebidos para criar um relatório de saída que produza o número máximo (e mínimo) permitido de entradas na tabela.

4. Se as estruturas de dados internas do programa tiverem limites prescritos (por exemplo, uma tabela tem um limite definido de 100 entradas), certifique-se de que concebe um caso de teste para exercitar a estrutura de dados no seu limite.

   A maioria dos engenheiros de software efectua intuitivamente o BVA até certo ponto. Ao aplicar estas directrizes, os testes de limites serão mais completos, tendo assim uma maior probabilidade de deteção de erros.

4. Teste de matriz ortogonal

- O teste de matrizes ortogonais pode ser aplicado a problemas em que o domínio de entrada é relativamente pequeno, mas demasiado grande para permitir a realização de testes exaustivos.

- O método de teste de matriz ortogonal é particularmente útil para encontrar falhas de região - uma categoria de erro associada à lógica defeituosa dentro de um componente de software

- Por exemplo, quando um bilhete de comboio tem de ser verificado, é necessário testar factores como o número de passageiros, o número do bilhete, os números dos lugares e os números dos comboios, o que se torna difícil quando um verificador verifica as entradas uma a uma. Por conseguinte, será mais eficiente se ele combinar mais entradas e efetuar os testes. Neste caso, utilizar o método de teste Orthogonal Array.

- Quando se efectua um teste de matriz ortogonal, é criada uma matriz ortogonal L9 de casos de teste.

- A matriz ortogonal L9 tem uma "propriedade de equilíbrio".

- Ou seja, os casos de teste (representados por pontos escuros na figura) estão "uniformemente dispersos pelo domínio de teste", tal como ilustrado no cubo do lado direito da Figura.

Test case	Test parameters			
	P1	P2	P3	P4
1	1	1	1	1
2	1	2	2	2
3	1	3	3	3
4	2	1	2	3
5	2	2	3	1
6	2	3	1	2
7	3	1	3	2
8	3	2	1	3
9	3	3	2	1

- Para ilustrar a utilização da matriz ortogonal L9, considere a função de envio de uma aplicação de fax.

- Quatro parâmetros, P1, P2, P3 e P4, são passados para a função send. Cada um assume três valores discretos. Por exemplo, P1 assume valores:

- P1 = 1, enviar agora : P1 = 2, enviar uma hora mais tarde : P1 = 3, enviar depois da meia-noite

- P2, P3 e P4 também assumiriam valores de 1, 2 e 3, significando outras funções de envio.

- Se fosse escolhida uma estratégia de teste "um item de entrada de cada vez", seria especificada a seguinte sequência de testes (P1,P2,P3,P4): (1,1,1,1),(2,1,1,1),(3,1,1,1), (1, 2, 1, 1), (1, 3, 1, 1), (1, 1, 2, 1), (1, 1, 3, 1), (1, 1, 1, 2), e (1, 1, 1, 3).

- A abordagem de teste de matriz ortogonal permite-lhe fornecer uma boa cobertura de teste com muito menos casos de teste do que a estratégia exaustiva. Uma matriz ortogonal L9 para a função de envio de faxes é ilustrada na Figura.

Testes de regressão

- Quando se faz qualquer modificação ou alteração na aplicação ou mesmo quando se faz uma pequena alteração no código, podem surgir problemas inesperados. Juntamente com as novas alterações, torna-se muito importante testar se a funcionalidade existente está intacta ou não. Isto pode ser conseguido através de testes de regressão.

- O objetivo dos testes de regressão é encontrar os erros que podem ser introduzidos acidentalmente devido a novas alterações ou modificações.

- Durante os testes de confirmação, o defeito foi corrigido e essa parte da aplicação começou a funcionar como previsto. Mas pode haver a possibilidade de a correção ter introduzido ou revelado um defeito diferente noutra parte do software. A forma de detetar estes "efeitos secundários inesperados" das correcções é fazer testes de regressão.

- Isto também garante que os erros encontrados anteriormente NÃO são criáveis.

- Normalmente, os testes de regressão são efectuados por ferramentas de automatização, uma vez que, para corrigir o defeito, o mesmo teste é efectuado repetidamente, sendo muito aborrecido e moroso fazê-lo manualmente.

- Durante os testes de regressão, os casos de teste têm prioridade em função das alterações efectuadas na funcionalidade ou no módulo da aplicação. A caraterística ou módulo em que as alterações ou modificações são efectuadas é considerada prioritária para os testes.

- Estes testes tornam-se muito importantes quando são efectuadas modificações ou melhorias contínuas na aplicação ou no produto. Estas alterações ou melhorias NÃO devem introduzir novos problemas no código testado existente.

- Isto ajuda a manter a qualidade do produto juntamente com as novas alterações na aplicação.

- Exemplo:

  Vamos supor que existe uma aplicação que mantém os dados de todos os alunos da escola. Esta aplicação tem quatro botões Adicionar, Guardar, Eliminar e Atualizar. Todas as funcionalidades dos botões estão a funcionar como esperado. Recentemente, foi adicionado um novo botão "Atualizar" à aplicação. A funcionalidade deste botão "Atualizar" foi testada e confirmou-se que está a funcionar como esperado. Mas, ao mesmo tempo, é muito importante saber que a introdução deste novo botão não deve afetar a funcionalidade dos outros botões existentes. Juntamente com o botão "Atualizar", todas as outras funcionalidades dos botões são testadas para encontrar quaisquer novos problemas no código existente. Este processo é conhecido como teste de regressão.

Quando utilizar o teste de regressão:

1. Qualquer nova funcionalidade é adicionada 2. Qualquer melhoria é efectuada

3. Todos os erros são corrigidos 4. Qualquer problema relacionado com o desempenho é resolvido

Vantagens dos testes de regressão:

- Ajuda-nos a certificarmo-nos de que quaisquer alterações, como correcções de erros ou quaisquer melhorias no módulo ou na aplicação, não afectaram o código testado existente.

- Garante que os erros encontrados anteriormente NÃO são criáveis.

- Os testes de regressão podem ser efectuados utilizando as ferramentas de automatização

- Ajuda a melhorar a qualidade do produto.

Desvantagens dos testes de regressão:

- Se os testes de regressão forem efectuados sem a utilização de ferramentas automatizadas, podem ser muito entediantes e morosos, uma vez que executamos repetidamente o mesmo conjunto de casos de teste.

- O teste de regressão é necessário mesmo quando se efectua uma alteração muito pequena no código, porque esta pequena modificação pode provocar problemas inesperados na funcionalidade existente.

Testes unitários

- Os testes unitários concentram o esforço de verificação na unidade mais pequena da conceção do software - o componente ou módulo de software

- Objectivos para casos de teste unitário

  - Interface do módulo

- • Assegurar que a informação flui corretamente para dentro e para fora do módulo

- – Estruturas de dados locais

  - • Garantir que os dados armazenados temporariamente mantêm a sua integridade durante todas as etapas da execução de um algoritmo

- – Condições de fronteira

  - • Assegurar que o módulo funciona corretamente nos valores-limite estabelecidos para limitar ou restringir o processamento

- – Vias independentes (vias de base)

  - • Os percursos são exercidos para garantir que todas as instruções de um módulo foram executadas pelo menos uma vez

- – Caminhos de tratamento de erros

  - • Assegurar que os algoritmos respondem corretamente a condições de erro específicas

- • Objectivos para casos de teste unitário

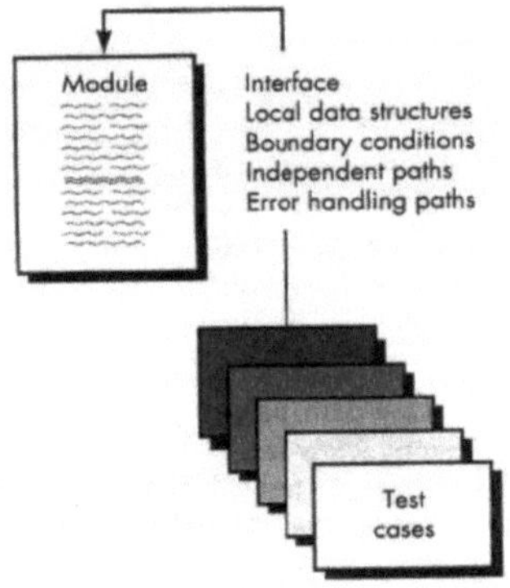

- • Erros computacionais comuns nos percursos de execução

  - • Precedência aritmética mal compreendida ou incorrecta

  - • Operações de modo misto (por exemplo, int, float, char)

  - • Inicialização incorrecta de valores

  - • Exatidão de precisão e erros de arredondamento

  - • Representação simbólica incorrecta de uma expressão (int vs. float)

- • Outros erros a descobrir

  - – Comparação de diferentes tipos de dados

- – Operadores lógicos ou precedência incorrectos

- – Expectativa de igualdade quando o erro de precisão torna a igualdade improvável (utilizando == com tipos float)

- – Comparação incorrecta de variáveis

- – Terminação de lacete incorrecta ou inexistente

- – Falha ao sair quando é encontrada uma iteração divergente

- – Variáveis de loop modificadas incorretamente

- – Violações de valores-limite

- Problemas a descobrir no tratamento de erros
  - – A descrição do erro é ininteligível ou ambígua
  - – O erro assinalado não corresponde ao erro encontrado
  - – A condição de erro provoca a intervenção do sistema operativo antes do tratamento do erro
  - – O processamento da condição de exceção é incorreto
  - – A descrição do erro não fornece informações suficientes para ajudar na localização da causa do erro

- Procedimentos de ensaio unitário
  - – Uma vez que um componente não é um programa autónomo, é necessário desenvolver um software de driver e/ou stub para cada teste unitário.

- Condutor
  - – Um programa principal simples que aceita dados de casos de teste, passa esses dados para o componente que está a ser testado e imprime os resultados devolvidos

- Esboços
  - – Servir para substituir módulos subordinados ao (chamado pelo) componente a ser testado
  - – Utiliza a interface exacta do módulo, pode fazer uma manipulação mínima dos dados, fornece a verificação da entrada e devolve o controlo ao módulo que está a ser testado.

- Drivers e stubs representam despesas gerais
  - – Ambos devem ser escritos, mas não fazem parte dos produtos de software instalados.

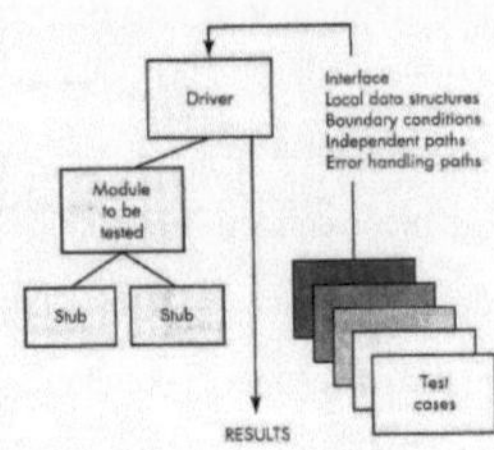

Teste de integração

O teste de integração é uma técnica sistemática para construir a arquitetura do software e, ao mesmo tempo, realizar testes para cobrir e descobrir erros associados à interface

- O objetivo é pegar em módulos testados por unidades e construir uma estrutura de programa com base na conceção prescrita

- Duas abordagens

  - Teste de integração não incremental

  - Teste de integração incremental

- Teste de integração não incremental

  - Vulgarmente designada por abordagem do "Big Bang

  - Todos os componentes são combinados previamente

  - O programa inteiro é testado como um todo

  - Desvantagens

    - Resultados do caos

    - São encontrados muitos erros aparentemente não relacionados

    - A correção é difícil porque o isolamento das causas é complicado

    - Quando um conjunto de erros é corrigido, ocorrem mais erros e os testes parecem entrar num ciclo interminável

- Teste de integração incremental

  - Três tipos

    - Integração descendente

    - Integração ascendente

    - Integração de sanduíches

  - O programa é construído e testado em pequenos incrementos

  - Os erros são mais fáceis de isolar e corrigir

- – É mais provável que as interfaces sejam completamente testadas
- – É aplicada uma abordagem de teste sistemática

- **Integração descendente**
  - – Os módulos são integrados através da hierarquia de controlo, começando pelo módulo principal
  - – Os módulos subordinados são incorporados de acordo com o princípio da profundidade ou da amplitude
    - • DF: Todos os módulos de um circuito principal de controlo estão integrados
    - • BF: Todos os módulos diretamente subordinados a cada nível estão integrados
  - – O módulo de controlo principal é utilizado como condutor de ensaio e os stubs são substituídos por todos os componentes diretamente subordinados ao módulo de controlo principal
  - – Dependendo da abordagem de integração, os stubs subordinados seleccionados são substituídos, um de cada vez, por componentes reais
  - – Os testes são efectuados à medida que cada componente é integrado
  - – Após a conclusão de cada conjunto de testes, outro stub é substituído pelo componente real
- **Integração descendente**
  - – Vantagens
    - • Esta abordagem verifica os principais pontos de controlo ou de decisão no início do processo de teste
  - – Desvantagens
    - • É necessário criar stubs para substituir módulos que ainda não foram construídos ou testados; este código é posteriormente eliminado
    - • Como os stubs são utilizados para substituir módulos de nível inferior, não pode ocorrer um fluxo de dados significativo até muito mais tarde no processo de integração/ensaio

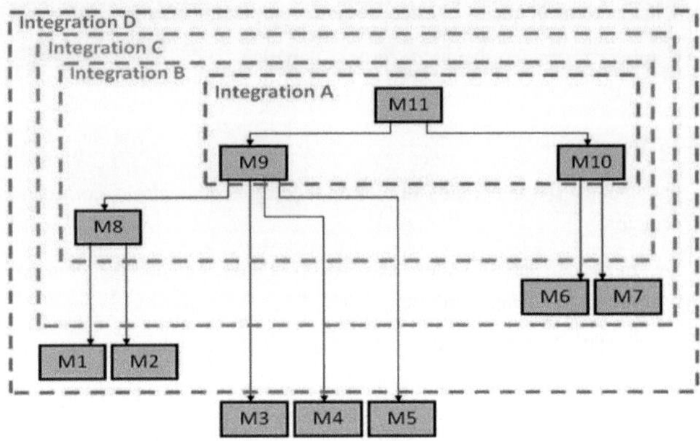

- Integração ascendente

  - A integração e os testes começam com os módulos mais atómicos (ou seja, componentes nos níveis mais baixos da estrutura do programa) na hierarquia de controlo

  - Começa a construção e os testes com módulos atómicos. Como os componentes são integrados de baixo para cima, o processamento necessário para os componentes subordinados a um determinado nível está sempre disponível e a necessidade de stubs é eliminada

  - Os componentes de baixo nível são combinados em clusters que executam uma subfunção de software específica

  - É escrito um controlador para coordenar a entrada e saída de casos de teste

  - O agrupamento é testado

  - Os accionadores são removidos e os clusters são combinados, subindo na estrutura do programa

  - À medida que a integração sobe, a necessidade de controladores de teste separados diminui. Se os dois níveis superiores da estrutura do programa forem integrados de cima para baixo, o número de controladores pode ser reduzido substancialmente e a integração dos clusters é muito simplificada

- Integração ascendente

  - Vantagens

    - Esta abordagem verifica o processamento de dados de baixo nível no início do processo de teste

    - Eliminação da necessidade de canhotos

  - Desvantagens

    - É necessário construir módulos de driver para testar os módulos de nível inferior; este código é posteriormente descartado ou expandido para uma versão completa

- Os controladores não contêm, por inerência, os algoritmos completos que acabarão por utilizar os serviços dos módulos de nível inferior; consequentemente, os testes podem ser incompletos ou podem ser necessários mais testes mais tarde, quando os módulos de nível superior estiverem disponíveis

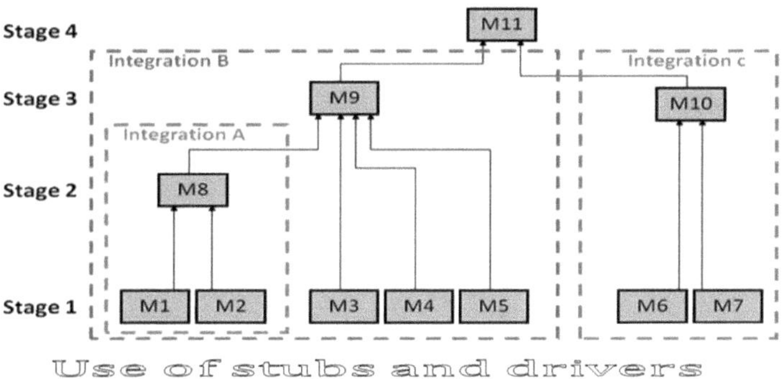

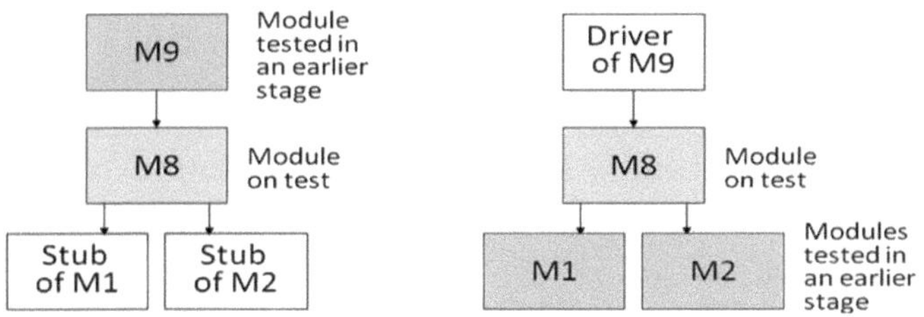

Top-down testing of module M8   **Bottom-up testing of module M8**

Integração de sanduíches

- Consiste numa combinação de integração descendente e ascendente

- Ocorre tanto nos módulos de nível mais elevado como nos módulos de nível mais baixo

- Prossegue utilizando grupos funcionais de módulos, com cada grupo concluído antes do seguinte

    – Os módulos de alto e baixo nível são agrupados com base no controlo e no processamento de dados que fornecem para uma funcionalidade específica do programa

    – A integração no grupo progride em etapas alternadas entre os módulos de alto e baixo nível do grupo

    – Quando a integração de um determinado grupo funcional estiver concluída, a integração e os testes passam para o grupo seguinte

- Aproveita as vantagens de ambos os tipos de integração, minimizando a necessidade de drivers e stubs

- Requer uma abordagem disciplinada para que a integração não tenda para o cenário "big bang"

Teste de fumo

- Do mundo do hardware

    – A energia é aplicada e um técnico verifica se há faíscas, fumo ou outros sinais dramáticos de falha fundamental

- Concebida como um mecanismo de ritmo para projectos de tempo crítico

    – Permite que a equipa de software avalie o seu projeto com frequência

- Inclui as seguintes actividades

    – O software é compilado e ligado a uma compilação

    – Uma série de testes de amplitude foi concebida para expor os erros que impedem a construção de desempenhar corretamente a sua função

- O objetivo é descobrir os erros que têm a maior probabilidade de atrasar o projeto de software

    – A compilação é integrada com outras compilações e todo o produto é testado diariamente.

- Os testes diários dão aos gestores e profissionais uma avaliação realista do progresso dos testes de integração

    – Após a conclusão de um teste de fumaça, os scripts de teste detalhados são executados

- Benefícios dos testes de fumo

    – O risco de integração é minimizado

        - Os testes diários revelam incompatibilidades e bloqueios no início do processo de teste, reduzindo assim o impacto no calendário

    – A qualidade do produto final é melhorada

        - Os testes de fumos são susceptíveis de revelar erros funcionais e erros de conceção ao nível da arquitetura e dos componentes

- O diagnóstico e a correção de erros são simplificados

    - Os ensaios de fumos irão provavelmente revelar erros nos componentes mais recentes que foram integrados

- Os progressos são mais fáceis de avaliar

    - À medida que os testes de integração progridem, mais software foi integrado e mais foi demonstrado que funciona

    - Os gestores recebem uma boa indicação de que estão a ser feitos progressos

Testes de validação

- Os testes de validação seguem os testes de integração

    - A distinção entre software convencional e software orientado para objectos desaparece

    - Centra-se nas acções visíveis para o utilizador e nos resultados do sistema reconhecíveis pelo utilizador

    - Demonstra a conformidade com os requisitos

    -

1. Critérios de validação-ensaio

- Concebido para garantir que

    - Todos os requisitos funcionais são satisfeitos

    - Todas as características comportamentais são alcançadas

    - Todos os requisitos de desempenho são atingidos

    - A documentação está correcta

    - A usabilidade e outros requisitos são cumpridos (por exemplo, transportabilidade, compatibilidade, recuperação de erros, manutenção)

    - Após cada teste de validação

    - A função ou caraterística de desempenho está em conformidade com a especificação e é aceite

    - É detectado um desvio da especificação e é criada uma lista de deficiências

    - Os desvios ou erros detectados nesta fase de um projeto raramente podem ser corrigidos antes da entrega prevista

    -

2. Uma revisão ou auditoria da configuração garante que todos os elementos da configuração do software foram corretamente desenvolvidos, catalogados e têm o detalhe necessário para entrar na fase de suporte do ciclo de vida do software (actividades)

    - É praticamente impossível para um programador de software prever como é que o cliente vai realmente utilizar um programa.

    - As instruções de utilização podem ser mal interpretadas; podem ser regularmente utilizadas combinações estranhas de dados; os resultados que pareciam claros para o testador podem ser ininteligíveis para um utilizador no terreno.

- Quando o software personalizado é criado para um cliente, é efectuada uma série de testes de aceitação para permitir que o cliente valide todos os requisitos. Conduzido pelo utilizador final e não pelos engenheiros de software, um teste de aceitação pode ir de um "test drive" informal a uma série de testes planeados e executados sistematicamente.

- De facto, os testes de aceitação podem ser realizados durante um período de semanas ou meses, descobrindo assim erros cumulativos que podem degradar o sistema ao longo do tempo.

- Se o software for desenvolvido como um produto a ser utilizado por muitos clientes, é impraticável efetuar testes de aceitação formais com cada um deles. A maioria dos criadores de produtos de software utiliza um processo chamado testes alfa e beta para descobrir erros que só o utilizador final parece ser capaz de encontrar.

3. Testes alfa e beta

- Teste alfa

  - Realizado no local do programador pelos utilizadores finais

  - O software é utilizado num ambiente natural com os programadores a observarem atentamente

  - Os ensaios são realizados num ambiente controlado

- Teste Beta

  - Realizado nas instalações do utilizador final

  - O promotor não está geralmente presente

  - Funciona como uma aplicação em direto do software num ambiente que não pode ser controlado pelo programador Testes Alfa e Beta

- Teste Beta

  - O utilizador final regista todos os problemas encontrados e comunica-os aos programadores a intervalos regulares

- Após a conclusão dos testes beta, os engenheiros de software efectuam modificações no software e preparam-se para o lançamento do produto de software para toda a base de clientes.

Teste do sistema

- O teste do sistema é uma série de testes diferentes cujo objetivo principal é exercitar completamente o sistema informático.

- Cada teste tem um objetivo diferente, mas todos visam verificar se os elementos do sistema foram corretamente integrados e se desempenham as funções atribuídas.

1. Ensaios de recuperação

- Testes de recuperação de falhas do sistema

- Força o software a falhar de várias formas e verifica se a recuperação é efetuada corretamente

- Testa a reinicialização, os mecanismos de ponto de verificação, a recuperação de dados e o reinício quanto à correção

- Se a recuperação for automática, a reinicialização, os mecanismos de checkpointing, a recuperação de dados e o reinício são avaliados quanto à correção

- Se a recuperação exigir intervenção humana, o tempo médio de reparação é avaliado para determinar se está dentro de limites aceitáveis

2. Testes de segurança

- Verifica se os mecanismos de proteção incorporados num sistema o protegerão, de facto, de acessos indevidos

- Durante o teste de segurança, o testador desempenha o papel do indivíduo que deseja penetrar no sistema.

- Vale tudo! O testador pode tentar obter as palavras-passe através de meios administrativos externos.

- podem atacar o sistema com software personalizado concebido para quebrar quaisquer defesas que tenham sido construídas

3. Testes de esforço

- Executa um sistema de uma forma que exige recursos em quantidade, frequência ou volume anormais.

- Os testes de stress são concebidos para confrontar os programas com situações anómalas. Essencialmente, o testador que realiza testes de stress pergunta: "Até que ponto podemos aumentar este programa antes de ele falhar?"

- Uma variação do teste de esforço é uma técnica designada por teste de sensibilidade.

  - Uma gama muito pequena de dados contidos dentro dos limites dos dados válidos para um programa pode causar um processamento extremo e até erróneo ou uma profunda degradação do desempenho.

  - Os testes de sensibilidade tentam descobrir combinações de dados dentro de classes de entrada válidas que possam causar instabilidade ou processamento incorreto.

4. Teste de desempenho

  - Os testes de desempenho são concebidos para testar o desempenho do software em tempo de execução no contexto de um sistema integrado.

  - O teste de desempenho ocorre em todas as etapas do processo de teste. Mesmo ao nível da unidade, o desempenho de um módulo individual pode ser avaliado à medida que os testes são efectuados

  - Os testes de desempenho são frequentemente associados a testes de esforço e requerem normalmente instrumentação de hardware e software.

  - Ou seja, é frequentemente necessário medir a utilização de recursos (por exemplo, ciclos do processador) de uma forma exacta

A arte da depuração

A depuração ocorre como consequência de um teste bem sucedido. Quando um caso de teste revela um erro, a depuração é uma ação que resulta na eliminação do erro.

1. O processo de depuração

    O processo de depuração tenta fazer corresponder o sintoma à causa, conduzindo assim à correção do erro.

O processo de depuração terá normalmente um de dois resultados:

(1) a causa será encontrada e corrigida ou

(2) a causa não será encontrada. Neste último caso, a pessoa que efectua a depuração pode suspeitar de uma causa, conceber um caso de teste para ajudar a validar essa suspeita e trabalhar para a correção do erro de forma iterativa.

- O processo de depuração começa com a execução de um caso de teste. Os resultados são avaliados e é observada uma falta de correspondência entre o desempenho esperado e o desempenho real

- A depuração tenta fazer corresponder o sintoma à causa, conduzindo assim à correção do erro.

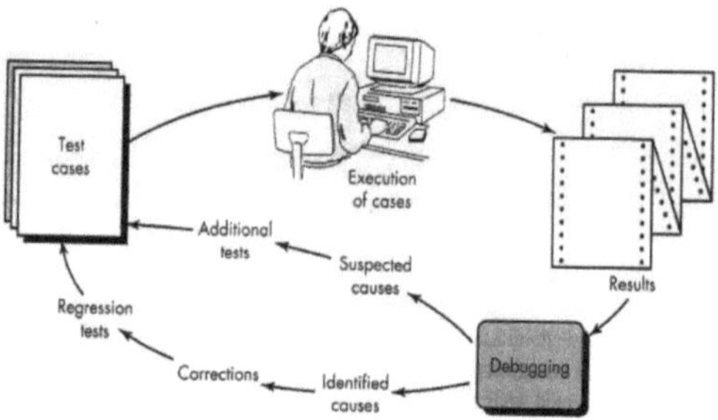

- Características dos insectos

    - O sintoma e a causa podem estar geograficamente distantes.

    - O sintoma pode desaparecer (temporariamente) quando outro erro é corrigido

    - O sintoma pode, de facto, ser causado por não-erros

    - O sintoma pode ser causado por um erro humano que não é fácil de localizar

    - O sintoma pode ser resultado de problemas de temporização, em vez de problemas de processamento

    - Pode ser difícil reproduzir com exatidão as condições de entrada

    - O sintoma pode ser intermitente.

    - O sintoma pode dever-se a causas que estão distribuídas por várias tarefas executadas em diferentes processadores

2. Considerações psicológicas

- Infelizmente, parece haver alguma evidência de que a capacidade de depuração é uma caraterística humana inata. Algumas pessoas são boas nisso e outras não.

- Embora as provas experimentais sobre a depuração estejam abertas a muitas interpretações, foram registadas grandes variações na capacidade de depuração entre programadores com a mesma formação e experiência.

3. Estratégias de depuração

- O objetivo da depuração é encontrar e corrigir a causa de um erro ou defeito de software.

- Os erros são encontrados através de uma combinação de avaliação sistemática, intuição e sorte.

- Os métodos e ferramentas de depuração não substituem uma avaliação cuidadosa baseada num modelo de conceção completo e num código-fonte claro

- Existem três estratégias principais de depuração

  1. Força bruta 2. Backtracking 3. Eliminação de causas

- Força bruta

  - Método mais utilizado e menos eficiente para isolar a causa de um erro de software

  - Utilizado quando tudo o resto falha

  - Envolve a utilização de despejos de memória, traços de tempo de execução e instruções de saída

  - Conduz muitas vezes a um desperdício de esforço e de tempo

- Retrocesso

  - Pode ser utilizado com sucesso em pequenos programas

  - O método começa no local onde foi detectado um sintoma

  - O código fonte é então rastreado para trás (manualmente) até que a localização da causa seja encontrada

  - Em programas de grande dimensão, o número de potenciais caminhos para trás pode tornar-se incontrolavelmente grande

- Eliminação de causas

  - Envolve a utilização de indução ou dedução e introduz o conceito de partição binária

    - Indução (específica para geral): Provar que um valor inicial específico é verdadeiro; em seguida, provar que o caso geral é verdadeiro

    - Dedução (do geral para o específico): Mostrar que uma conclusão específica decorre de um conjunto de premissas gerais

- Os dados relacionados com a ocorrência do erro são organizados para isolar potenciais causas

- É elaborada uma hipótese de causa e os dados acima referidos são utilizados para provar ou refutar a hipótese

- Em alternativa, é elaborada uma lista de todas as causas possíveis e são efectuados testes para eliminar cada causa

- Se os testes iniciais indicarem que uma determinada hipótese de causa é promissora, os dados são refinados numa tentativa de isolar o erro

4. Correção do erro

- Uma vez detectado um erro, este deve ser corrigido.

- Mas a correção de um erro pode introduzir outros erros e, por conseguinte, causar mais danos do que benefícios.

- Van Vleck sugere três perguntas simples que deve fazer antes de efetuar a "correção" que elimina a causa de um erro.

- Três perguntas a fazer antes de corrigir o erro

  - A causa do erro é reproduzida noutra parte do programa?

    - Podem estar a ocorrer erros semelhantes noutras partes do programa

  - Qual é o próximo erro que pode ser introduzido pela correção que estou prestes a fazer?

    - O código fonte (e mesmo a conceção) deve ser estudado para avaliar o acoplamento da lógica e das estruturas de dados relacionadas com a correção

  - O que é que poderíamos ter feito para evitar este bug em primeiro lugar?

    - Este é o primeiro passo para a garantia da qualidade do software

    - Ao corrigir o processo e o produto, o erro será removido do programa atual e poderá ser eliminado de todos os programas futuros

Práticas de codificação:

- As melhores práticas de codificação são um conjunto de regras informais que a comunidade de <u>desenvolvimento de software </u>aprendeu ao longo do tempo e que podem ajudar a melhorar a qualidade do software

- Muitos programas de computador permanecem em uso durante muito mais tempo do que os autores originais alguma vez previram (por vezes, 40 anos ou mais), pelo que quaisquer regras têm de facilitar tanto o desenvolvimento inicial como a manutenção e o melhoramento subsequentes por outras pessoas que não os autores originais.

- No livro <u>Ninety-ninety rule,</u> Tim Cargill explica a razão pela qual os projectos de programação se atrasam frequentemente: "Os primeiros 90% do código representam os primeiros 90% do tempo de desenvolvimento. Os restantes 10% do código são responsáveis pelos outros 90% do tempo de desenvolvimento." Vale a pena considerar qualquer orientação que possa corrigir esta falta de previsão.

- A dimensão de um projeto ou programa tem um efeito significativo nas taxas de erro, na produtividade dos programadores e na quantidade de gestão necessária

a) Manutenibilidade b) Dependibilidade c) Eficiência d) Usabilidade.

- A refacção é normalmente motivada pela deteção de um <u>cheiro a código</u>.
- Por exemplo, o método em questão pode ser muito longo, ou pode ser uma quase duplicata de outro método próximo.
- Uma vez reconhecidos, esses problemas podem ser resolvidos através da *refacção* do código-fonte ou da sua transformação numa nova forma que se comporte da mesma forma que anteriormente, mas que já não "cheire mal".

Existem duas categorias gerais de benefícios para a atividade de refactorização.

Manutenibilidade. É mais fácil corrigir erros porque o código-fonte é fácil de ler e a intenção do seu autor é fácil de compreender. Isto pode ser conseguido através da redução de grandes rotinas monolíticas num conjunto de métodos individuais concisos, bem nomeados e com uma única finalidade. Pode ser conseguido movendo um método para uma classe mais apropriada, ou removendo comentários enganadores.

Extensibilidade. É mais fácil alargar as capacidades da aplicação se esta utilizar <u>padrões de conceção</u> reconhecíveis, o que proporciona alguma flexibilidade onde antes não existia.

- Antes de aplicar uma refatoração a uma secção de código, é necessário um conjunto sólido de <u>testes unitários</u> automáticos. Os testes são usados para demonstrar que o comportamento do módulo está correto antes da refatoração.

- Os testes nunca podem provar que não existem erros, mas o importante é que este processo pode ser rentável: bons testes unitários podem detetar erros suficientes para que valham a pena e para que a refacção seja suficientemente segura.

MÓDULO - V

GESTÃO DE PROJECTOS

Estimativa: Baseado no PF, baseado no LOC, decisão de fazer/comprar; COCOMO II: Planeamento, plano do projeto, processo de planeamento, gestão do risco RFP, identificação, projeção; RMMM: Programação e acompanhamento, relação entre pessoas e esforço, conjunto de tarefas e rede, programação; EVA: Processo e métricas do projeto.

Estimativa:

A estimativa do custo e do esforço do software nunca será uma ciência exacta. Há demasiadas variáveis - humanas, técnicas, ambientais, políticas - que podem afetar o custo final do software e o esforço aplicado para o desenvolver.

Para obter estimativas fiáveis dos custos e dos esforços, existem várias opções:

- ➤ Atrasar a estimativa até ao final do projeto (obviamente, podemos obter estimativas 100% exactas depois de o projeto estar concluído!)

- ➤ Basear as estimativas em projectos semelhantes já concluídos.

- ➤ Utilizar técnicas de decomposição relativamente simples para gerar estimativas de custo e esforço do projeto.

- ➤ Utilizar um ou mais modelos empíricos para estimar o custo e o esforço do software.

  Infelizmente, a primeira opção, embora atractiva, não é prática. As estimativas de custos devem ser fornecidas à partida. No entanto, é preciso reconhecer que quanto mais se espera, mais se sabe, e quanto mais se sabe, menos provável é que se cometam erros graves nas estimativas.

A segunda opção pode funcionar razoavelmente bem, se o projeto atual for bastante semelhante aos esforços anteriores e se outras influências do projeto (por exemplo, o cliente, as condições comerciais, o ambiente de engenharia de software, os prazos) forem aproximadamente equivalentes. Infelizmente, a experiência passada nem sempre tem sido um bom indicador de resultados futuros.

Estimativa baseada em pontos de função:

- • Um ponto de função (PF) é uma unidade de medida que expressa a quantidade de funcionalidade comercial que um sistema de informação (enquanto produto) fornece a um utilizador. Os FPs medem o tamanho do software. São amplamente aceites como uma norma industrial para o dimensionamento funcional

- • A análise de pontos de função é um método para quantificar a dimensão e a complexidade de um sistema de software em termos das funções que o sistema fornece ao utilizador

- • É independente da linguagem informática, da metodologia de desenvolvimento, da tecnologia ou da capacidade da equipa de projeto utilizada para desenvolver a aplicação

- • A análise de pontos de função foi concebida para medir aplicações comerciais (e não aplicações científicas)

- As aplicações científicas lidam geralmente com algoritmos complexos que o método dos pontos de função não foi concebido para tratar

- Os pontos de função são independentes da língua, das ferramentas ou das metodologias utilizadas para a implementação (por exemplo, não têm em consideração as linguagens de programação, os SGBD ou o hardware de processamento)

- Os pontos de função podem ser estimados numa fase inicial da análise e da conceção

Utilizações do ponto de função:

- Medir a produtividade (ex.: número de pontos de função alcançados por hora de trabalho despendida)

- Desenvolvimento e apoio de estimativas (análise custo-benefício, estimativa de efectivos)

- Monitorizar os acordos de subcontratação (garantir que a entidade subcontratada fornece o nível de apoio e os ganhos de produtividade que promete)

- Conduzir decisões comerciais relacionadas com os SI (permitir a tomada de decisões relativas à manutenção, retirada e reformulação de aplicações)

- Normalizar outras medidas (outras medidas, como defeitos, frequentemente requerem o tamanho em pontos de função)

Estimativa baseada em LOC:

- As linhas de código-fonte (SLOC), também conhecidas como linhas de código (LOC), são uma métrica de software utilizada para medir o tamanho de um programa de computador, contando o número de linhas no texto do código-fonte do programa.

- O SLOC é normalmente utilizado para prever a quantidade de esforço que será necessário para desenvolver um programa, bem como para estimar a produtividade da programação ou a capacidade de manutenção depois de o software ser produzido.

- As linhas utilizadas para comentar o código e o ficheiro de cabeçalho são ignoradas.

Dois tipos principais de LOC:

1. LOC físico

   ✓ LOC físico é a contagem de linhas no texto do código fonte do programa, incluindo linhas de comentários.

   ✓ As linhas em branco também são incluídas, a menos que as linhas de código de uma secção sejam compostas por mais de 25% de linhas em branco.

2. LOC lógico

   ✓ O LOC lógico tenta medir o número de instruções executáveis, mas as suas definições específicas estão ligadas a linguagens informáticas específicas.

✓   Ex: A medida de LOC lógico para linguagens de programação do tipo C é o número de pontos-e-vírgulas que terminam a declaração(;)

Os problemas das linhas de código (LOC):

❯ Diferentes linguagens conduzem a diferentes comprimentos de código

❯ Não é claro como contar as linhas de código

❯ Um gerador de relatórios, ecrãs ou GUI pode gerar milhares de linhas de código em minutos

❯ Dependendo da aplicação, a complexidade do código é diferente.

decisão de fazer/comprar:

- Em muitos domínios de aplicação de software, é frequentemente mais rentável adquirir do que desenvolver software. Os gestores de engenharia de software são confrontados com uma decisão de fazer/comprar que pode ser ainda mais complicada por uma série de opções de aquisição.

(1) O software pode ser adquirido (ou licenciado) pronto a usar

(2) Os componentes de software de "experiência total" ou de "experiência parcial" podem ser adquiridos e depois modificados e integrados para responder a necessidades específicas.

(3) O software pode ser construído por encomenda por um contratante externo para cumprir as especificações do comprador.

Em última análise, a decisão de compra/compra é tomada com base nas seguintes condições:

(1) A data de entrega do produto de software será mais cedo do que a do software desenvolvido internamente?

(2) O custo de aquisição mais o custo de personalização será inferior ao custo de desenvolvimento do software internamente?

(3) O custo do apoio externo (por exemplo, um contrato de manutenção) será inferior ao custo do apoio interno?

Criar uma árvore de decisão:

- Os passos que acabámos de descrever podem ser aumentados utilizando técnicas estatísticas como a análise da árvore de decisão. Por exemplo, considere a figura abaixo, que representa uma árvore de decisão para um sistema baseado em software X. Neste caso, a organização de engenharia de software pode

(1) construir o sistema X a partir do zero

(2) reutilizar os componentes de experiência parcial existentes para construir o sistema

(3) comprar um produto de software disponível e modificá-lo para atender às necessidades locais, ou

(4) contratar o desenvolvimento do software a um fornecedor externo.

Se o sistema tiver de ser construído de raiz, existe uma probabilidade de 70 por cento de que o trabalho seja difícil. O valor esperado para o custo, calculado ao longo de qualquer ramo da árvore de decisão, é:

$$\text{Expected cost} = \Sigma \, (\text{path probability})_i \times (\text{estimated path cost})_i$$

Onde i é o caminho da árvore de decisão. Para o caminho de construção.

- É importante notar, no entanto, que muitos critérios - não apenas o custo - devem ser considerados durante o processo de tomada de decisão. A disponibilidade, a experiência do criador/fornecedor/contratante, a conformidade com os requisitos, a "política" local e a probabilidade de mudança são apenas alguns dos critérios que podem afetar a decisão final de construir, reutilizar, comprar ou contratar.

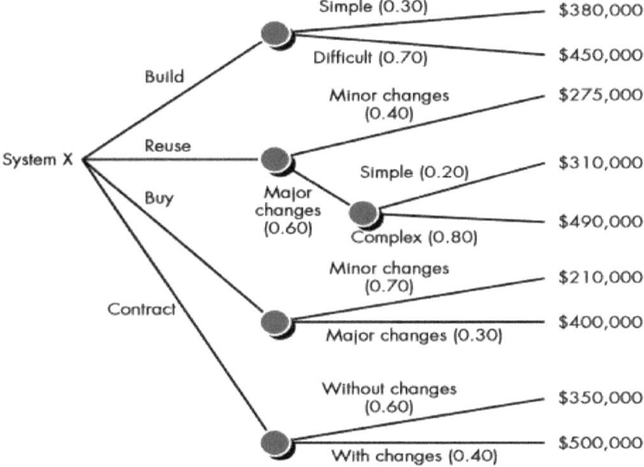

- Mais cedo ou mais tarde, todas as empresas que desenvolvem software para computadores colocam uma questão fundamental: "Existe alguma forma de obtermos o software e os sistemas de que precisamos a um preço mais baixo?"

- A resposta a esta pergunta não é simples, e as discussões emocionais que ocorrem em resposta a esta pergunta conduzem sempre a uma única palavra: externalização. Independentemente da amplitude do foco, a decisão de terceirização é frequentemente financeira.

- O outsourcing é extremamente simples. As actividades de engenharia de software são contratadas a um terceiro que faz o trabalho a um custo mais baixo e, espera-se, com maior qualidade.

- A decisão de externalizar pode ser estratégica ou tática.

- A nível estratégico, os gestores de empresas consideram se uma parte significativa de todo o trabalho de software pode ser contratada a terceiros.

- Ao nível tático, um gestor de projeto determina se parte ou a totalidade de um projeto pode ser melhor realizado através da subcontratação do trabalho de software.

- Do lado positivo, as poupanças de custos podem normalmente ser conseguidas reduzindo o número de pessoas que trabalham com software e as instalações (por exemplo, computadores, infra-estruturas) que os apoiam.

- Do lado negativo, uma empresa perde algum controlo sobre o software de que necessita.

MODELO COCOMO - II

Barry Boehm [Boe81] introduziu uma hierarquia de modelos de estimativa de software com o nome COCOMO, de Constructive Cost MOdel. O modelo COCOMO original tornou-se um dos modelos de estimativa de custos de software mais amplamente utilizados e discutidos na indústria. Ele evoluiu para um modelo de estimativa mais abrangente, chamado COCOMOII.

O COCOMOII é, na verdade, uma hierarquia de modelos de estimativa que abordam os seguintes domínios:

Modelo de composição de aplicações. Utilizado durante as fases iniciais da engenharia de software, quando a prototipagem de interfaces de utilizador, a consideração da interação entre o software e o sistema, a avaliação do desempenho e a avaliação da maturidade da tecnologia são fundamentais.

Modelo da fase inicial do projeto. Utilizado depois de os requisitos terem sido estabilizados e a arquitetura básica do software ter sido estabelecida.

Modelo de fase pós-arquitetura. Utilizado durante a construção do software.

- Os modelos COCOMO II requerem informações sobre o tamanho.

- Três opções de dimensionamento diferentes estão disponíveis como parte da hierarquia do modelo: pontos de objeto, pontos de função e linhas de código-fonte.

O modelo de composição de aplicações COCOMO II utiliza pontos de objeto:

- O ponto objeto é uma medida indireta de software que é calculada através da contagem do número de

    (1) ecrãs (na interface do utilizador),

    (2) relatórios

    (3) componentes susceptíveis de serem necessários para construir a aplicação.

- Cada instância de objeto (por exemplo, um ecrã ou um relatório) é classificada num dos três níveis de complexidade (ou seja, simples, médio ou difícil).

- Uma vez determinada a complexidade, o número de ecrãs, relatórios e componentes é ponderado de acordo com a tabela seguinte

Object type	Complexity weight		
	Simple	Medium	Difficult
Screen	1	2	3
Report	2	5	8
3GL component			10

- Quando se aplica o desenvolvimento baseado em componentes ou a reutilização geral de software, a percentagem de reutilização (%reuse) é estimada e a contagem de pontos de objeto é ajustada:

$$NOP = (object\ points) \times [(100 - \%reuse)/100]$$

em que NOP é definido como novos pontos de objeto.

- Para obter uma estimativa do esforço com base no valor calculado do NOP, deve ser derivada uma "taxa de produtividade".

$$PROD = \frac{NOP}{person\text{-}month}$$

- Uma vez determinada a taxa de produtividade, é calculada uma estimativa do esforço do projeto utilizando,

$$Estimated\ effort = \frac{NOP}{PROD}$$

Developer's experience/capability	Very low	Low	Nominal	High	Very high
Environment maturity/capability	Very low	Low	Nominal	High	Very high
PROD	4	7	13	25	50

O processo de planeamento do projeto:

- A fase de planeamento do projeto é a segunda fase do *ciclo de vida do projeto*. Envolve a criação de um conjunto de planos para ajudar a orientar a sua equipa durante as fases de execução e encerramento do projeto.

- Os planos criados durante esta fase ajudá-lo-ão a gerir o tempo, o custo, a qualidade, a mudança, o risco e os problemas. Também o ajudarão a gerir o pessoal e os fornecedores externos, para garantir que o projeto é entregue a tempo e dentro do orçamento.

- O objetivo do planeamento de projectos de software é fornecer um quadro que permita ao gestor fazer estimativas razoáveis de recursos, custos e calendário.

- Além disso, as estimativas devem tentar definir os melhores e os piores cenários para que os resultados do projeto possam ser limitados.

- Embora exista um grau inerente de incerteza, a equipa de software embarca num plano que foi estabelecido como consequência destas tarefas.

- Por conseguinte, o plano deve ser adaptado e atualizado à medida que o projeto avança.

- A fase de planeamento do projeto é muitas vezes a fase mais difícil para um gestor de projectos, uma vez que é necessário fazer uma estimativa informada do pessoal, dos recursos e do equipamento necessários para concluir o projeto. Poderá também ter de planear as suas comunicações e actividades de aquisição, bem como contratar quaisquer fornecedores terceiros.

GESTÃO DOS RISCOS DO CONCURSO PÚBLICO:

Um Perigo é

Qualquer condição real ou potencial que possa causar ferimentos, doenças ou morte ao pessoal; danos ou perda de um sistema, equipamento ou propriedade; ou danos ao ambiente. Mais simples.... Uma ameaça de dano. Um perigo pode levar a uma ou várias consequências.

Um risco é

- A expetativa de uma perda ou dano (consequência)

- A gravidade e a probabilidade combinadas de uma perda

- A taxa de perda a longo prazo

Um problema potencial (conducente a uma perda) que pode - ou não - ocorrer no futuro.

- A gestão de riscos é um conjunto de práticas e ferramentas de apoio para identificar, analisar e tratar os riscos de forma explícita.

- Tratar um risco significa compreendê-lo melhor, evitá-lo ou reduzi-lo (atenuação do risco) ou preparar-se para a sua concretização.

- A gestão do risco tenta reduzir a probabilidade de ocorrência de um risco e o impacto (perda) causado pelos riscos.

Estratégias de risco reactivas versus proactivas

- Riscos de software

- Estratégias de risco reactivas versus proactivas

- A maioria das equipas de software confia apenas em estratégias de risco reactivas. Na melhor das hipóteses, uma estratégia reactiva monitoriza o projeto para detetar riscos prováveis. São reservados recursos para lidar com eles, caso se tornem problemas reais.

- A equipa de software não faz nada em relação aos riscos até que algo corra mal. Então, a equipa entra em ação numa tentativa de corrigir o problema rapidamente. Isto é frequentemente chamado de modo de combate a incêndios.

- Uma estratégia consideravelmente mais inteligente para a gestão do risco é ser proactivo.

- Uma estratégia proactiva começa muito antes do início do trabalho técnico. Os riscos potenciais são identificados, a sua probabilidade e impacto são avaliados e são ordenados por importância. Em seguida,

- A equipa de software estabelece um plano para gerir o risco. O objetivo principal é evitar o risco, mas como nem todos os riscos podem ser evitados, a equipa trabalha para desenvolver um plano de contingência que lhe permita responder de forma controlada e eficaz.

O risco apresenta sempre duas características:

- O risco envolve sempre duas características: incerteza - o risco pode ou não acontecer; ou seja, não há riscos 100% prováveis - e perda - se o risco se tornar realidade, ocorrerão consequências ou perdas indesejadas.

- Quando os riscos são analisados, é importante quantificar o nível de incerteza e o grau de perda associado a cada risco.

- As diferentes categorias de riscos são as seguintes:

  1. Riscos do projeto

  - ❖ Ameaçar o plano do projeto. Ou seja, se os riscos do projeto se tornarem reais, é provável que o calendário do projeto sofra uma derrapagem e que os custos aumentem.

  - ❖ Os riscos do projeto identificam potenciais problemas orçamentais, de calendário, de pessoal (pessoal e organização), de recursos, de partes interessadas e de requisitos e o seu impacto num projeto de software.

  2. Riscos técnicos

  - ❖ Ameaçar a qualidade e a atualidade do software a produzir.

  - ❖ Se um risco técnico se tornar uma realidade, a implementação pode tornar-se difícil ou impossível. Os riscos técnicos identificam potenciais problemas de conceção, implementação, interface, verificação e manutenção.

  - ❖ Além disso, a ambiguidade das especificações, a incerteza técnica, a obsolescência técnica e a tecnologia "de ponta" são também factores de risco. Os riscos técnicos ocorrem porque o problema é mais difícil de resolver do que se pensava.

  3. Riscos para as empresas

  - ❖ Os riscos comerciais ameaçam a viabilidade do software a construir e põem frequentemente em causa o projeto ou o produto.

  - ❖ Os candidatos aos cinco principais riscos empresariais são

    1. construir um excelente produto ou sistema que ninguém quer realmente (risco de mercado)

    2. construir um produto que já não se enquadra na estratégia comercial global da empresa (risco estratégico)

    3. construir um produto que a equipa de vendas não sabe como vender (risco de

vendas)

4. perder o apoio dos quadros superiores devido a uma mudança de orientação ou de pessoas (risco de gestão)

5. perda de autorizações orçamentais ou de pessoal (riscos orçamentais).

Outra categorização geral dos riscos foi proposta por Charette.

4. *Os riscos conhecidos* são aqueles que podem ser descobertos após uma avaliação cuidadosa do plano do projeto, do ambiente comercial e técnico em que o projeto está a ser desenvolvido e de outras fontes de informação fiáveis (por exemplo, data de entrega irrealista, falta de requisitos documentados ou âmbito do software, ambiente de desenvolvimento deficiente).

5. Os riscos *previsíveis* são extrapolados a partir da experiência de projectos anteriores (por exemplo, rotatividade do pessoal, má comunicação com o cliente, diluição do esforço do pessoal à medida que os pedidos de manutenção em curso são atendidos).

6. *Os riscos imprevisíveis* são o joker do baralho. Eles podem ocorrer e ocorrem, mas são extremamente difíceis de identificar com antecedência.

- A identificação dos riscos é uma tentativa sistemática de especificar as ameaças ao plano do projeto (estimativas, calendário, carregamento de recursos, etc.).

- Ao identificar os riscos conhecidos e previsíveis, o gestor do projeto dá o primeiro passo para os evitar, quando possível, e para os controlar, quando necessário.

- Existem dois tipos distintos de riscos: os riscos genéricos e os riscos específicos dos produtos.

- Os riscos genéricos são uma ameaça potencial para todos os projectos de software.

- Os riscos específicos de um produto só podem ser identificados por quem tem um conhecimento claro da tecnologia, das pessoas e do ambiente específico do software a construir.

- Para identificar os riscos específicos do produto, o plano do projeto e a declaração do âmbito do software são examinados e é desenvolvida uma resposta à seguinte pergunta: "Que características especiais deste produto podem ameaçar o nosso plano de projeto?"

- Um método para identificar os riscos consiste em criar uma lista de controlo dos elementos de risco.

- A lista de controlo pode ser utilizada para a identificação de riscos e centra-se em alguns subconjuntos de riscos conhecidos e previsíveis nas seguintes subcategorias genéricas:

- Dimensão do produto - riscos associados à dimensão global do software a construir ou modificar.

- Impacto comercial - riscos associados a restrições impostas pela direção ou pelo mercado.

- Características das partes interessadas - riscos associados à sofisticação das partes interessadas e à capacidade do criador de comunicar com as partes interessadas em tempo útil.

- Definição do processo - riscos associados ao grau em que o processo de software foi definido e é seguido pela organização de desenvolvimento. - Ambiente de desenvolvimento - riscos associados à disponibilidade e qualidade das ferramentas a serem utilizadas para construir o produto.

- Tecnologia a construir - riscos associados à complexidade do sistema a construir e à "novidade" da tecnologia que o sistema integra.

- Dimensão e experiência do pessoal - riscos associados à experiência técnica e de projeto global dos engenheiros de software que irão realizar o trabalho.

Avaliação do risco global do projeto

As perguntas que se seguem foram obtidas a partir de dados sobre riscos obtidos através de inquéritos a gestores de projectos de software experientes em diferentes partes do mundo.

1. Os principais gestores de software e de clientes comprometeram-se formalmente a apoiar o projeto?

2. Os utilizadores finais estão entusiasticamente empenhados no projeto e no sistema/produto a construir?

3. Os requisitos são totalmente compreendidos pela equipa de engenharia de software e pelos seus clientes?

4. Os clientes foram plenamente envolvidos na definição dos requisitos?

5. Os utilizadores finais têm expectativas realistas?

6. O âmbito do projeto é estável?

7. A equipa de engenharia de software tem a combinação certa de competências?

8. Os requisitos do projeto são estáveis?

9. A equipa do projeto tem experiência com a tecnologia a ser implementada?

10. O número de pessoas na equipa do projeto é suficiente para realizar o trabalho?

11. Todos os elementos do cliente/utilizador concordam com a importância do projeto e com os requisitos do sistema/produto a construir?

- O gestor de projeto identifica os factores de risco que afectam as componentes de risco do software - desempenho, custo, apoio e calendário.

Os componentes de risco são definidos da seguinte forma:

- Risco de desempenho - grau de incerteza quanto ao facto de o produto satisfazer os requisitos e ser adequado à utilização pretendida.

- Risco de custo - grau de incerteza quanto à manutenção do orçamento do projeto.

- Risco de suporte - o grau de incerteza de que o software resultante será fácil de corrigir, adaptar e melhorar.

- Risco do calendário - o grau de incerteza de que o calendário do projeto será mantido e de que o produto será entregue a tempo.

- O impacto de cada fator de risco na componente de risco é dividido numa de quatro categorias de impacto - insignificante, marginal, crítico ou catastrófico.

Projeção do risco

- A projeção do risco, também designada por estimativa do risco, tenta classificar cada risco de duas formas.

    1. A probabilidade ou probabilidade de o risco ser real e

    2. As consequências dos problemas associados ao risco, caso este ocorra

Gestores e pessoal técnico para realizar quatro etapas de projeção de riscos:

1. Estabelecer uma escala que reflicta a probabilidade percebida de um risco.

2. Delinear as consequências do risco.

3. Estimar o impacto do risco no projeto e no produto.

4. Avaliar a exatidão global da projeção do risco para que não haja mal-entendidos.

O objetivo destes passos é considerar os riscos de uma forma que conduza à sua priorização. Nenhuma equipa de software tem os recursos para abordar todos os riscos possíveis com o mesmo grau de rigor. Ao priorizar os riscos, é possível alocar recursos onde eles terão o maior impacto.

Desenvolvimento de um quadro de risco

- Uma tabela de risco fornece uma técnica simples para a projeção do risco. Um exemplo de tabela de risco é ilustrado na Figura.

- Enumere todos os riscos (por mais remotos que sejam) na primeira coluna do quadro.

- Cada risco é categorizado na segunda coluna (por exemplo, PS implica um risco de dimensão do projeto, BU implica um risco de negócio).

- A probabilidade de ocorrência de cada risco é registada na coluna seguinte da tabela. O valor da probabilidade de cada risco pode ser estimado individualmente pelos membros da equipa.

- De seguida, é avaliado o impacto de cada risco. Cada componente do risco é avaliada e é determinada uma categoria de impacto.

- A média das categorias para cada uma das quatro componentes de risco - desempenho, apoio, custo e calendário - é calculada para determinar um valor de impacto global.

- Uma vez preenchidas as primeiras quatro colunas do quadro de risco, o quadro é ordenado por probabilidade e por impacto.

- Os riscos de alta probabilidade e de alto impacto são colocados na parte superior da tabela e os riscos de baixa probabilidade são colocados na parte inferior.

Sample Risk table prior to sorting

Risks	Category	Probability	Impact	RMMM
Size estimate may be significantly low	PS	60%	2	
Larger number of users than planned	PS	30%	3	
Less reuse than planned	PS	70%	2	
End-users resist system	BU	40%	3	
Delivery deadline will be tightened	BU	50%	2	
Funding will be lost	CU	40%	1	
Customer will change requirements	PS	80%	2	
Technology will not meet expectations	TE	30%	1	
Lack of training on tools	DE	80%	3	
Staff inexperienced	ST	30%	2	
Staff turnover will be high	ST	60%	2	
Σ				
Σ				
Σ				

Impact values:
1—catastrophic
2—critical
3—marginal
4—negligible

2. Avaliação do impacto do risco

- Três factores afectam as consequências prováveis da ocorrência de um risco: a sua natureza, o seu âmbito e o seu momento.

- A natureza do risco indica os problemas que são prováveis se ele ocorrer. Por exemplo, uma interface externa mal definida para o hardware do cliente (um risco técnico) impedirá a conceção e os testes numa fase inicial e conduzirá provavelmente a problemas de integração do sistema numa fase tardia do projeto.

- O âmbito de um risco combina a gravidade (quão grave é?) com a sua distribuição global (quanto do projeto será afetado ou quantas partes interessadas serão prejudicadas?).

- A calendarização de um risco considera quando e durante quanto tempo o impacto se fará sentir. Na maioria dos casos, pretende-se que as "más notícias" ocorram o mais rapidamente possível, mas em alguns casos, quanto maior for o atraso, melhor.

- A exposição global ao risco RE é determinada através da seguinte relação

$$RE = P * C$$

em que P é a probabilidade de ocorrência de um risco e C é o custo para o projeto caso o risco ocorra.

Mitigação, monitorização e gestão de riscos:

- Uma estratégia eficaz para lidar com o risco deve ter em conta três questões   (Nota: estas não se excluem mutuamente)

  - Atenuação dos riscos

  - Controlo dos riscos

  - Gestão de riscos e planos de emergência

- Atenuação dos riscos - é a principal estratégia e é conseguida através de um plano

  - Exemplo: Risco de elevada rotação do pessoal

- Reunir com o pessoal atual para determinar as causas da rotatividade (por exemplo, más condições de trabalho, salários baixos, mercado de trabalho competitivo)

- Atenuar as causas que estão sob o nosso controlo antes do início do projeto

- Uma vez iniciado o projeto, assumir que haverá rotatividade e desenvolver técnicas para garantir a continuidade quando as pessoas saírem

- Organizar as equipas de projeto de modo a que as informações sobre cada atividade de desenvolvimento estejam amplamente dispersas

- Definir normas de documentação e estabelecer mecanismos para garantir que os documentos são elaborados em tempo útil

- Efetuar revisões interpares de todo o trabalho (para que mais do que uma pessoa esteja "a par")

- Designar um membro da equipa de apoio para cada técnico crítico.

- Durante a monitorização do risco, o gestor de projeto monitoriza factores que podem dar uma indicação sobre se um risco está a tornar-se mais ou menos provável

- A gestão do risco e o plano de emergência pressupõem que os esforços de atenuação falharam e que o risco se tornou uma realidade

- As etapas do RMMM implicam custos adicionais para o projeto

  - Os grandes projectos podem ter identificado 30 a 40 riscos

- O risco não se limita ao próprio projeto de software

  - Os riscos podem ocorrer depois de o software ter sido entregue ao utilizador

- Segurança de software e análise de riscos

  - Trata-se de actividades de garantia da qualidade do software que se centram na identificação e avaliação de potenciais riscos que podem afetar negativamente o software e provocar a falha de todo um sistema

- Se os perigos puderem ser identificados numa fase inicial do processo de software, podem ser especificadas características de conceção do software que eliminem ou controlem os potenciais perigos.
  - É importante notar que as etapas de atenuação, monitorização e gestão dos riscos (RMMM) implicam custos adicionais para o projeto

- O plano RMMM pode fazer parte do plano de desenvolvimento do software ou pode ser um documento separado

- Uma vez documentado o RMMM e iniciado o projeto, começam as etapas de mitigação dos riscos e de monitorização
  - A atenuação dos riscos é uma atividade de prevenção de problemas
  - A monitorização dos riscos é uma atividade de acompanhamento do projeto

- O acompanhamento dos riscos tem <u>três</u> objectivos
  - Avaliar se os riscos previstos ocorrem de facto
  - Assegurar que as medidas de aversão ao risco definidas para o risco estão a ser corretamente aplicadas
  - Recolher informações que possam ser utilizadas para futuras análises de risco

- Os resultados da monitorização dos riscos podem permitir ao gestor do projeto determinar quais os riscos que causaram problemas ao longo do projeto

<u>PROGRAMAÇÃO E ACOMPANHAMENTO:</u>

- ✓ Seleccionou um modelo de processo adequado.

- ✓ Identificou as tarefas de engenharia de software que têm de ser executadas.

- ✓ Calculou o volume de trabalho e o número de pessoas, conhece o prazo e até considerou os riscos.

- ✓ Agora é altura de ligar os pontos. Ou seja, tem de criar uma rede de tarefas de engenharia de software que lhe permita realizar o trabalho a tempo.

- ✓ Uma vez criada a rede, é necessário atribuir responsabilidades a cada tarefa, garantir a sua execução e adaptar a rede à medida que os riscos se tornam realidade.

- Porque é que é importante?
  - ✓ Para construir um sistema complexo, muitas tarefas de engenharia de software ocorrem em paralelo.
  - ✓ O resultado do trabalho realizado durante uma tarefa pode ter um efeito profundo no trabalho a realizar noutra tarefa.
  - ✓ Estas interdependências são muito difíceis de compreender sem um calendário.
  - ✓ É também praticamente impossível avaliar o progresso de um projeto de software de dimensão moderada ou grande sem um calendário detalhado

- Quais são as etapas?
  - ✓ As tarefas de engenharia de software ditadas pelo modelo de processo de software são refinadas para a funcionalidade a ser construída.
  - ✓ O esforço e a duração são atribuídos a cada tarefa e é criada uma rede de tarefas (também designada por "rede de actividades") de forma a permitir que a equipa de

software cumpra o prazo de entrega estabelecido.

Conceito básico de programação de projectos

- ✓ Um prazo irrealista estabelecido por alguém fora do grupo de desenvolvimento de software e imposto aos gestores e profissionais do grupo.

- ✓ Alteração das necessidades dos clientes que não se reflectem nas alterações de calendário.

- ✓ Uma subestimação honesta da quantidade de esforço e/ou do número de recursos que serão necessários para realizar o trabalho.

- ✓ Riscos previsíveis e/ou imprevisíveis que não foram considerados no início do projeto.

- ✓ Dificuldades técnicas que não poderiam ter sido previstas antecipadamente.

- Porque havemos de o fazer quando a direção exige que façamos um prazo impossível?

- ✓ Realizar uma estimativa detalhada utilizando dados históricos de projectos anteriores.

- ✓ Determinar o esforço e a duração estimados para o projeto.

- ✓ Utilizando um modelo de processo incremental, desenvolva uma estratégia de engenharia de software que forneça funcionalidades críticas no prazo imposto, mas adie outras funcionalidades para mais tarde. Documentar o plano.

- ✓ Reúna-se com o cliente e (utilizando a estimativa pormenorizada), explique por que razão o prazo imposto não é realista.

Programação de projectos

- Princípios básicos

- A relação entre as pessoas e o esforço

- Distribuição do esforço

- A calendarização de projectos de software é uma ação que distribui o esforço estimado ao longo da duração planeada do projeto, atribuindo o esforço a tarefas específicas de engenharia de software.

- Durante as fases iniciais do planeamento do projeto, é desenvolvido um calendário macroscópico.

- À medida que o projeto avança, cada entrada no calendário macroscópico é transformada num calendário detalhado.

Princípios básicos da calendarização de projectos.

1. Compartimentação: O projeto deve ser compartimentado num número de actividades e tarefas geríveis. Para conseguir a compartimentação, tanto o produto como o processo são refinados.

2. Interdependência: Deve ser determinada a interdependência de cada atividade ou tarefa compartimentada. Algumas tarefas devem ocorrer em sequência, enquanto outras podem ocorrer em paralelo. Outras actividades podem ocorrer de forma independente.

3. Atribuição de tempo: A cada tarefa a programar deve ser atribuído um determinado número de unidades de trabalho (por exemplo, dias-pessoa de esforço). Além disso, a cada tarefa deve ser atribuída uma data de início e uma data de conclusão. Se o trabalho será realizado a tempo inteiro ou a tempo parcial.

4. Validação do esforço: Cada projeto tem um número definido de pessoas na equipa de software. O gestor de projeto deve garantir que, num determinado momento, não foram programadas mais pessoas do que o número atribuído.

5. Responsabilidades definidas. Cada tarefa programada deve ser atribuída a um membro específico da equipa.

6. Resultados definidos: Cada tarefa programada deve ter um resultado definido. Para projectos de software, o resultado é normalmente um produto de trabalho (por exemplo, a conceção de um componente) ou uma parte de um produto de trabalho. Os produtos de trabalho são frequentemente combinados em produtos finais.

7. Marcos definidos: Cada tarefa ou grupo de tarefas deve estar associado a um marco do projeto. Uma etapa é cumprida quando um ou mais produtos de trabalho foram revistos quanto à qualidade e foram aprovados.

Cada um destes princípios é aplicado à medida que o calendário do projeto evolui.

<u>A relação entre as pessoas e o esforço:</u>

- Num pequeno projeto de desenvolvimento de software, uma única pessoa pode analisar os requisitos, efetuar a conceção, gerar código e realizar testes. À medida que a dimensão de um projeto aumenta, é necessário envolver mais pessoas.

- Há um mito comum que ainda é acreditado por muitos gestores responsáveis por projectos de desenvolvimento de software: "Se nos atrasarmos, podemos sempre adicionar mais programadores e recuperar o atraso mais tarde no projeto."

- Infelizmente, adicionar pessoas numa fase tardia de um projeto tem frequentemente um efeito perturbador no projeto, fazendo com que os prazos se atrasem ainda mais. As pessoas que são adicionadas têm de aprender o sistema, e as pessoas que as ensinam são as mesmas que estavam a fazer o trabalho.

- Enquanto se ensina, não se trabalha e o projeto fica mais atrasado. Para além do tempo necessário para aprender o sistema, mais pessoas.

- Embora a comunicação seja absolutamente essencial para o sucesso do desenvolvimento de software, cada nova via de comunicação exige um esforço adicional e, por conseguinte, mais tempo.

Distribuição do esforço

- Uma distribuição recomendada do esforço ao longo do processo de software é muitas vezes referida como a regra 40-20-40.

- Quarenta por cento de todo o esforço é atribuído à análise e conceção do front-end. Uma percentagem semelhante é aplicada aos testes de back-end. Pode inferir-se corretamente que a codificação (20% do esforço) é menosprezada.

- O trabalho despendido no planeamento de projectos raramente representa mais de 2 a 3 por cento do esforço, a menos que o plano comprometa uma organização com grandes despesas de alto risco.

- A comunicação com o cliente e a análise dos requisitos podem representar 10 a 25 por cento do esforço do projeto.

- O esforço despendido na análise ou na criação de protótipos deve aumentar em proporção direta com a dimensão e a complexidade do projeto.

- Um intervalo de 20 a 25 por cento do esforço é normalmente aplicado à conceção do software. O tempo gasto na revisão do projeto e na iteração subsequente também deve ser considerado.

- Devido ao esforço aplicado à conceção do software, o código deve seguir-se com relativamente pouca dificuldade.

- É possível atingir uma percentagem de 15 a 20 por cento do esforço global. Os testes e a subsequente depuração podem representar 30 a 40 por cento do esforço de desenvolvimento de software.

- O carácter crítico do software determina frequentemente a quantidade de testes necessários. Se o software for de importância humana (ou seja, uma falha do software pode resultar em perda de vidas), são típicas percentagens ainda mais elevadas.

CONJUNTO DE TAREFAS E REDE:

- Um conjunto de tarefas é uma coleção de tarefas de trabalho de engenharia de software, marcos, produtos de trabalho e filtros de garantia de qualidade que devem ser realizados para concluir um determinado projeto.

- O conjunto de tarefas deve proporcionar disciplina suficiente para alcançar uma elevada qualidade de software. Mas, ao mesmo tempo, não deve sobrecarregar a equipa do projeto com trabalho desnecessário.

- A maioria das organizações de software depara-se com os seguintes projectos:

1. Projectos de desenvolvimento de conceitos que são iniciados para explorar um novo conceito de negócio ou a aplicação de uma nova tecnologia.

2. Novos projectos de desenvolvimento de aplicações que são realizados em consequência de um pedido específico de um cliente.

3. Projectos de melhoramento de aplicações que ocorrem quando o software existente sofre grandes modificações na função, desempenho ou interfaces que são observáveis pelo utilizador final.

4. Projectos de manutenção de aplicações que corrigem, adaptam ou alargam o software existente de formas que podem não ser imediatamente óbvias para o utilizador final.

5. Projectos de reengenharia empreendidos com a intenção de reconstruir, no todo ou em parte, um sistema existente (antigo).

1. Um exemplo de conjunto de tarefas

   - Os projectos de desenvolvimento de conceitos são iniciados quando o potencial de uma nova tecnologia tem de ser explorado. Não há certeza de que a tecnologia será aplicável, mas um cliente (por exemplo, marketing) acredita que existe um benefício potencial.

2. Refinamento das acções de engenharia de software

   - As acções de engenharia de software são utilizadas para definir um calendário macroscópico para um projeto.

   - O calendário macroscópico deve ser refinado para criar um calendário detalhado do projeto.

- O refinamento começa por pegar em cada ação e decompô-la num conjunto de tarefas (com produtos de trabalho e marcos relacionados).

- Um diagrama de rede de tarefas, também designado por diagrama de rede de tarefas, é uma representação gráfica do fluxo de tarefas de um projeto.

- Por vezes, é utilizado como o mecanismo através do qual a sequência de tarefas e as dependências são introduzidas numa ferramenta automatizada de programação de projectos.

- Na sua forma mais simples (utilizada na criação de um calendário macroscópico), a rede de tarefas representa as principais acções de engenharia de software. A figura abaixo mostra uma rede de tarefas esquemática para um projeto de desenvolvimento de conceitos.

- É importante notar que a rede de tarefas mostrada na Figura 27.2 é macroscópica. Numa rede de tarefas detalhada (precursora de um cronograma detalhado), cada ação mostrada na figura seria expandida.

- A calendarização de um projeto de software não difere muito da calendarização de qualquer esforço de engenharia multitarefa. Por conseguinte, as ferramentas e técnicas generalizadas de programação de projectos podem ser aplicadas com poucas alterações aos projectos de software.

- A técnica de avaliação e revisão de programas (PERT) e o método do caminho crítico (CPM) são dois métodos de calendarização de projectos que podem ser aplicados ao desenvolvimento de software.

1. Gráficos de linha do tempo:

   - Ao criar um calendário de projeto de software, comece com um conjunto de tarefas.

   - Se forem utilizadas ferramentas automatizadas, a repartição do trabalho é introduzida como uma rede de tarefas ou um esquema de tarefas. O esforço, a duração e a data de início são então introduzidos para cada tarefa. Além disso, as tarefas podem ser atribuídas a indivíduos específicos.

   - Como consequência desta entrada, é gerado um gráfico de linhas temporais, também designado por gráfico de Gantt.

   - Pode ser elaborado um diagrama de tempo para todo o projeto. Em alternativa, podem ser desenvolvidos diagramas separados para cada função do projeto ou para cada indivíduo que trabalhe no projeto.

- Todas as tarefas do projeto (para a delimitação do âmbito do conceito) estão listadas na coluna da esquerda. As barras horizontais indicam a duração de cada tarefa. Quando várias barras ocorrem ao mesmo tempo no calendário, está implícita a simultaneidade de tarefas. Os losangos indicam os objectivos intermédios.

- Uma vez introduzidas as informações necessárias para a geração de um diagrama de linha do tempo, a maioria das ferramentas de software de planeamento de projectos produz tabelas de projectos. -Uma listagem tabular de todas as tarefas do projeto, as suas datas de início e fim planeadas e reais, e uma variedade de informações relacionadas. Utilizadas em conjunto com o diagrama de tempo, as tabelas de projeto permitem acompanhar o progresso.

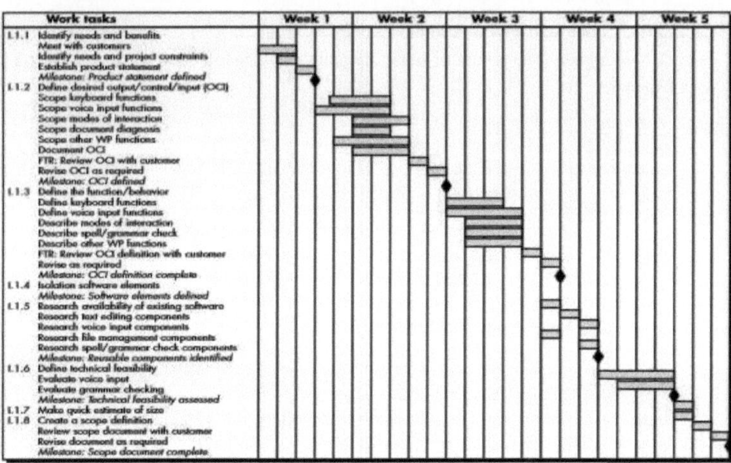

2. Acompanhamento do calendário

- Se tiver sido corretamente desenvolvido, o calendário do projeto torna-se um roteiro que define as tarefas e as etapas a seguir e a controlar à medida que o projeto avança.

- O rastreio pode ser efectuado de várias formas diferentes:

- Realização de reuniões periódicas sobre o estado do projeto, nas quais cada membro da equipa comunica os progressos e os problemas.

- Avaliar os resultados de todas as revisões efectuadas ao longo do processo de engenharia de software.

- Determinar se as etapas formais do projeto foram cumpridas na data prevista.

- Comparação da data de início real com a data de início planeada para cada tarefa de projeto listada na tabela de recursos.

- Reunir-se informalmente com os profissionais para obter a sua avaliação subjectiva dos progressos realizados até à data e dos problemas que se perfilam no horizonte.

- Utilizar a análise do valor ganho para avaliar quantitativamente o progresso.

Na realidade, todas estas técnicas de acompanhamento são utilizadas por gestores de projectos experientes.

3. Acompanhamento do progresso de um projeto OO

Marco técnico: Análise OO concluída

- o   Todas as classes hierárquicas definidas e revistas
- o   Os atributos e operações de classe são definidos e revistos
- o   Relações de classe definidas e revistas
- o   Modelo comportamental definido e revisto
- o   Reutilizável classificado identificado

Marco técnico: Conceção OO concluída

- o   Subsistemas definidos e revistos
- o   Classes atribuídas aos subsistemas e revistas
- o   A atribuição de tarefas foi estabelecida e revista
- o   Foram identificadas as responsabilidades e as colaborações
- o   Os atributos e as operações foram concebidos e revistos
- o   O modelo de comunicação foi criado e revisto

Marco técnico: Programação OO concluída

- o   Cada nova classe de modelo de conceção foi implementada
- o   As classes extraídas da biblioteca de reutilização foram implementadas
- o   O protótipo ou incremento foi construído

Marco técnico: Testes OO

- o   A correção e o carácter exaustivo dos modelos OOA e OOD foram revistos
- o   A rede de colaboração de responsabilidade de classe foi desenvolvida e revista
- o   Os casos de teste foram concebidos e foram efectuados testes a nível de classe para cada classe
- o   Os casos de teste foram concebidos, os testes de cluster foram concluídos e as classes foram integradas
- o   Os testes a nível do sistema estão concluídos

Agendamento de projectos WebApp

- O agendamento do projeto WebApp distribui o esforço estimado pela linha de tempo planeada (duração) para construir cada incremento da WebApp.

- Isto é conseguido através da atribuição do esforço a tarefas específicas.

- O calendário geral da WebApp evolui ao longo do tempo.

- Durante a primeira iteração, é desenvolvido um programa macroscópico.

- Este tipo de calendário identifica todos os incrementos da WebApp e projecta as datas em que cada um será implantado.

- À medida que o desenvolvimento de um incremento é iniciado, a entrada para o incremento no programa macroscópico é refinada num programa detalhado.

- Aqui, são identificadas e programadas tarefas de desenvolvimento específicas (necessárias para realizar uma atividade).

ANÁLISE DO VALOR ACRESCENTADO:

- É razoável perguntar se existe uma técnica quantitativa para avaliar o progresso à medida que a equipa de software avança nas tarefas de trabalho atribuídas ao calendário do projeto.

- Existe uma técnica para efetuar uma análise quantitativa do progresso. Chama-se análise do valor acrescentado (EVA).

- Para determinar o valor ganho, são executadas as seguintes etapas:

    1. O custo orçamentado do trabalho programado (BCWS) é determinado para cada tarefa de trabalho representada no calendário. Durante a estimativa, o trabalho (em pessoas-hora ou pessoas-dias) de cada tarefa de engenharia de software é planeado. Assim, BCWSi é o esforço planeado para a tarefa de trabalho i. Para determinar o progresso num determinado ponto ao longo do calendário do projeto, o valor de BCWS é a soma dos valores BCWSi para todas as tarefas de trabalho que deveriam ter sido concluídas até esse ponto no calendário do projeto.

    2. Os valores BCWS para todas as tarefas de trabalho são somados para obter o orçamento na conclusão (BAC). Assim, o BAC (BCWSk) para todas as tarefas k

    3. Em seguida, é calculado o valor do custo orçado do trabalho realizado (BCWP). O valor do BCWP é a soma dos valores do BCWS para todas as tarefas de trabalho que foram realmente concluídas num determinado momento do calendário do projeto.

- Dados os valores de BCWS, BAC e BCWP, podem ser calculados importantes indicadores de progresso:

Índice de desempenho do calendário, SPI = BCWP / BCWS

Desvio de programação, SV = BCWP - BCWS

- O SPI é uma indicação da eficiência com que o projeto está a utilizar os recursos programados. Um valor de SPI próximo de 1,0 indica uma execução eficiente do calendário do projeto. SV é simplesmente uma indicação absoluta da variação em relação ao calendário planeado.

- Percentagem prevista para a conclusão = BCWS / BAC

    fornece uma indicação da percentagem de trabalho que deveria ter sido concluída no momento t.

- Percentagem de conclusão = BCWP / BAC

    fornece uma indicação quantitativa da percentagem de conclusão do projeto num determinado momento t. Também é possível calcular o custo real do trabalho realizado (ACWP). O valor do ACWP é a soma do esforço efetivamente despendido nas tarefas de trabalho que foram concluídas num determinado momento do calendário do projeto. É então possível calcular

Índice de desempenho dos custos, IPC = BCWP /ACWP

Desvio de custos, CV = BCWP - ACWP

Um valor de IPC próximo de 1,0 fornece uma forte indicação de que o projeto está dentro do seu orçamento definido. O CV é uma indicação absoluta da poupança de custos (em relação aos custos previstos) ou do défice numa determinada fase do projeto.

Métricas de processos e projectos:

O que são métricas?

- As métricas de processos e projectos de software são medidas quantitativas
- São um instrumento de gestão
- Oferecem uma visão da eficácia do processo de software e dos projectos que são conduzidos utilizando o processo como estrutura
- São recolhidos dados básicos sobre a qualidade e a produtividade
- Estes dados são analisados, comparados com médias anteriores e avaliados
- O objetivo é determinar se ocorreram melhorias na qualidade e na produtividade
- Os dados também podem ser utilizados para identificar áreas problemáticas
- As soluções podem então ser desenvolvidas e o processo de software pode ser melhorado

Razões para medir

- <u>Caracterizar</u> para
    - Compreender os processos, produtos, recursos e ambientes
    - Estabelecer bases de referência para comparações com avaliações futuras
- <u>Avaliar</u> a fim de
    - Determinar o estatuto em relação aos planos
- <u>Prever</u> para poder
    - Compreender as relações entre processos e produtos
    - Construir modelos destas relações
- <u>Melhorar</u> para
    - Identificar bloqueios, causas principais, ineficiências e outras oportunidades para melhorar a qualidade do produto e o desempenho do processo

Métricas nos domínios do processo e do projeto

- *As métricas do processo são recolhidas em todos os projectos e durante longos períodos de tempo.*
- O seu objetivo é fornecer um conjunto de indicadores de processo que conduzam à melhoria do processo de software a longo prazo.
- *As métricas de projeto permitem a um gestor de projectos de software*
- avaliar o estado de um projeto em curso,
- acompanhar os riscos potenciais,
- descobrir áreas problemáticas antes que se tornem "críticas"

- ajustar o fluxo de trabalho ou as tarefas,

- avaliar a capacidade da equipa de projeto para controlar a qualidade dos produtos de software

Métricas de processo e melhoria de processos de software:-

- Melhoria do processo de software, é importante notar que o processo é apenas um de uma série de "factores controláveis na melhoria da qualidade do software e do desempenho organizacional".

- O processo situa-se no centro de um triângulo que liga três factores que têm uma profunda influência na qualidade do software e no desempenho organizacional.

- Está provado que a competência e a motivação das pessoas é o fator que mais influencia a qualidade e o desempenho.

- A complexidade do produto pode ter um impacto substancial na qualidade e no desempenho da equipa.

- A tecnologia (ou seja, os métodos e ferramentas de engenharia de software) que preenche o processo também tem um impacto.

- Além disso, o triângulo do processo existe dentro de um círculo de condições ambientais que incluem o ambiente de desenvolvimento (por exemplo, ferramentas de software integradas), condições comerciais (por exemplo, prazos, regras comerciais) e características do cliente (por exemplo, facilidade de comunicação e colaboração).

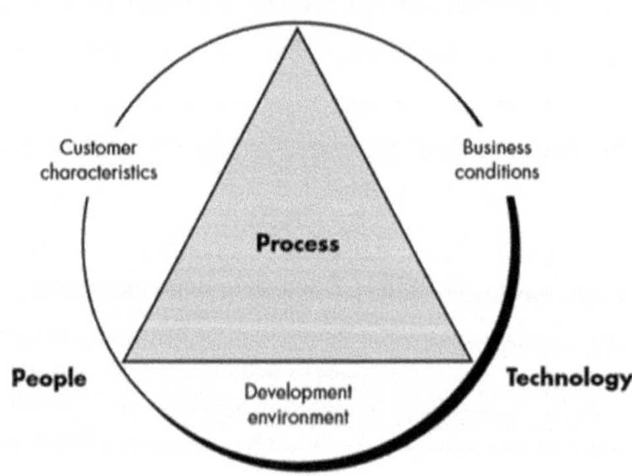

- Medir a eficácia de um processo através da derivação de um conjunto de métricas baseadas nos resultados do processo, tais como

    - Erros detectados antes do lançamento do software

    - Defeitos entregues aos utilizadores finais e por eles comunicados

    - Produtos de trabalho entregues

- Esforço humano despendido

- Tempo de calendário despendido

- Conformidade com o calendário

- Tempo e esforço para realizar cada atividade genérica.

- Etiqueta (boas maneiras) das métricas de processo:

- Utilizar o senso comum e a sensibilidade organizacional ao interpretar dados de métricas

- Dar feedback regular aos indivíduos e equipas que recolhem medidas e métricas

- Não utilizar métricas para avaliar indivíduos

- Trabalhar com os profissionais e as equipas para definir objectivos claros e os indicadores que serão utilizados para os atingir

- Nunca utilize as métricas para pressionar indivíduos ou equipas

- Os dados métricos que indicam um problema <u>não</u> devem ser considerados "negativos

Métricas do projeto

- Muitas das mesmas métricas são utilizadas tanto no domínio do processo como no domínio do projeto

- As métricas do projeto são utilizadas para tomar decisões <u>tácticas</u>

  - São utilizados para adaptar o fluxo de trabalho do projeto e as actividades técnicas .

- A primeira aplicação das métricas do projeto ocorre durante a estimativa

  - As métricas de projectos anteriores são utilizadas como base para estimar o <u>tempo</u> e o esforço

- medida que o projeto avança, o tempo e o esforço despendidos são comparados com as estimativas iniciais.

- À medida que o trabalho técnico começa, outras métricas do projeto tornam-se importantes

  - <u>As taxas de produção</u> são medidas (representadas em termos de modelos criados, horas de revisão, pontos de função e linhas de código-fonte entregues)

  - <u>Os erros</u> detectados durante cada atividade do quadro genérico (ou seja, comunicação, planeamento, modelação, construção, implementação) são medidos.

MEDIÇÃO DE SOFTWARE

- As medidas no mundo físico podem ser classificadas de duas formas: medidas directas e medidas indirectas.

- As medidas directas do processo de software incluem o custo e o esforço aplicado.

- As medidas directas do produto incluem as linhas de código (LOC) produzidas, a velocidade de execução, o tamanho da memória e os defeitos comunicados durante um determinado período de tempo.

- As medidas indirectas do produto incluem a funcionalidade, a qualidade, a complexidade, a eficiência, a fiabilidade e a facilidade de manutenção.

- As métricas de projeto podem ser consolidadas para criar métricas de processo para uma organização.

1. Métricas orientadas para o tamanho

- As métricas orientadas para a dimensão não são universalmente aceites como a melhor forma de medir o processo de software.

- Os opositores argumentam que as medições do KLOC

    - Dependem da linguagem de programação

    - Penalizar programas bem concebidos mas curtos

    - Não pode acomodar facilmente linguagens não processuais

    - Exigir um nível de pormenor que pode ser difícil de obter.

2. Métricas orientadas para a função

- As métricas orientadas para a função utilizam uma medida da funcionalidade fornecida pela aplicação como um valor de normalização

- A métrica mais utilizada deste tipo é o ponto de função

- O cálculo do ponto de função baseia-se nas características do domínio de informação e da complexidade do software.

Controvérsia sobre pontos de função

- Tal como a medida KLOC, a utilização de pontos de função também tem proponentes e opositores

- Os proponentes afirmam que

    - FP é independente da linguagem de programação

    - O PQ baseia-se em dados que são mais susceptíveis de serem conhecidos nas fases iniciais de um projeto, o que o torna mais atrativo como abordagem de estimativa

- Os opositores afirmam que

    - O PQ requer algum "truque de mão" porque o cálculo se baseia em dados subjectivos

    - As contagens do domínio da informação podem ser difíceis de recolher a posteriori

    - O PF não tem qualquer significado físico direto... é apenas um número

3. Conciliação das métricas de LOC e FP:-

- A relação entre o LOC e o PF depende de

    - A linguagem de programação utilizada para implementar o software

    - A qualidade do design

    - FP e LOC são preditores relativamente exactos do esforço e do custo do desenvolvimento de software

    - No entanto, é necessário, em primeiro lugar, estabelecer uma base histórica de informações.

- LOC e FP podem ser utilizados para estimar projectos de software orientados para objectos

    - No entanto, não fornecem granularidade suficiente para os ajustamentos de calendário e de esforço necessários nas iterações de um processo evolutivo ou incremental

- A tabela do próximo diapositivo apresenta uma estimativa aproximada do LOC médio para um PF em várias linguagens de programação.

Língua	Média	Mediana	Baixa	Elevado
Ada	154	--	104	205
Montador	337	315	91	694
C	162	109	33	704
C++	66	53	29	178
COBOL	77	77	14	400
Java	55	53	9	214
PL/1	78	67	22	263
Visual Basic	47	42	16	158

4. Métricas orientadas para objectos

O seguinte conjunto de métricas para projectos OO:

Número de guiões de cenários:- Um guião de cenário é uma sequência detalhada de passos que descrevem a interação entre o utilizador e a aplicação.

- Cada guião está organizado em tripletos da forma

  {iniciador, *ação,* participante}

- em que o iniciador é o objeto que solicita um serviço, *a ação é o resultado do pedido e o participante é o objeto servidor que satisfaz* o pedido.

- Número de classes-chave:- As classes-chave são os "componentes altamente independentes" que são definidos no início da análise orientada para os objectos

- Uma vez que as classes-chave são centrais para o domínio do problema, o número dessas classes é uma indicação da quantidade de esforço necessário para desenvolver o software.

- Também uma indicação da quantidade potencial de reutilização a ser aplicada durante o desenvolvimento do sistema.

Número de classes de apoio:- As classes de apoio são necessárias para implementar o sistema, mas não estão imediatamente relacionadas com o domínio do problema.

- O número de classes de suporte é uma indicação da quantidade de esforço necessário para desenvolver o software e também uma indicação da quantidade potencial de reutilização a ser aplicada durante o desenvolvimento do sistema.

- Número de subsistemas

  - Um subsistema é um agregado de classes que suportam uma função visível para o utilizador final de um sistema.

Número médio de aulas de apoio por turma principal

  - As classes-chave são identificadas numa fase inicial do projeto (por exemplo, na análise dos requisitos)

  - A estimativa do número de classes de apoio pode ser feita a partir do número de classes-chave

  - As aplicações GUI têm <u>entre duas e três vezes</u> mais classes de suporte do que classes-chave

  - As aplicações não-GUI têm <u>entre uma e duas vezes</u> mais classes de suporte do que classes-chave

5. Métricas orientadas para casos de utilização

- Os casos de utilização descrevem funções e características visíveis pelo utilizador que são requisitos básicos para um sistema.

- O número de casos de utilização é diretamente proporcional à dimensão da aplicação em LOC e ao número de casos de teste que terão de ser concebidos para exercitar plenamente a aplicação.

6. Métricas do projeto WebApp:-

- O objetivo de todos os projectos WebApp é fornecer uma combinação de conteúdo e funcionalidade ao utilizador final.

- As medidas que podem ser recolhidas são:

- Número de páginas Web estáticas.

- Número de páginas Web dinâmicas.

- Número de ligações internas de página:-As ligações internas de página são ponteiros que fornecem uma hiperligação para outra página Web dentro da WebApp.

Number of persistent dataobjects.

- Number of external systems interfaced:- WebApps must often interface with "backroom" business applications.
- Number of static content objects:-Static content objects encompass static text-based, graphical, video, animation, and audio information that are incorporated within the WebApp.
- Number of dynamic contentobjects.
- Number of executable functions

N_{sp} = number of Static Web pages
N_{dp} = number of Dynamic Web pages

Then,

$$\text{Customization index, } C = \frac{N_{dp}}{N_{dp} + N_{sp}}$$

The value of C ranges from 0 to 1. As C grows larger, the level of WebApp customization becomes a significant technical issue.

<u>MÉTRICAS PARA A QUALIDADE DO SOFTWARE:</u>

- O objetivo primordial da engenharia de software é produzir um sistema, aplicação ou produto de alta qualidade num prazo que satisfaça uma necessidade do mercado.

- A qualidade de um sistema, aplicação ou produto só é tão boa quanto os requisitos que descrevem o problema, o projeto que modela a solução, o código que conduz a um programa executável e os testes que exercitam o software para descobrir erros.

Medição da qualidade

- Existem muitas medidas de qualidade do software8 , mas a correção, a facilidade de manutenção, a integridade e a facilidade de utilização fornecem indicadores úteis para a equipa do projeto

Correção:

- A correção é o grau em que o software desempenha a função pretendida.

- A medida mais comum de correção são os defeitos por KLOC, em que um defeito é definido como uma falta de conformidade verificada com os requisitos.

- Os defeitos são os problemas comunicados por um utilizador do programa depois de o programa ter sido lançado para utilização geral.

Capacidade de manutenção:

- A facilidade de manutenção é a facilidade com que um programa pode ser corrigido se for encontrado um erro, adaptado se o seu ambiente mudar, ou melhorado se o cliente desejar uma mudança nos requisitos.

- *Tempo médio para a mudança (MTTC), o tempo necessário para analisar o* pedido de *mudança*, conceber uma modificação adequada, implementar a mudança, testá-la e distribuí-la a todos os utilizadores.

Integridade:

- A integridade do software tornou-se cada vez mais importante na era dos ciberterroristas e dos piratas informáticos.

- Os ataques podem ser efectuados nos três componentes do software: programas, dados e documentação.

- Para medir a integridade, é necessário definir dois atributos:

    - ameaça e segurança.

Usabilidade:

- Se um programa não for fácil de utilizar, está muitas vezes condenado ao fracasso, mesmo que as funções que desempenha sejam valiosas

Eficiência na remoção de defeitos:

- A eficiência da eliminação de defeitos traz benefícios tanto ao nível do projeto como do processo

- É uma medida da <u>capacidade de filtragem</u> das actividades de garantia da qualidade, uma vez que estas são aplicadas em todas as actividades do quadro de processos

    - Indica a percentagem de erros de software encontrados antes do lançamento do software

- Define-se como DRE = E / (E + D)

    - E é o número de erros encontrados <u>antes da</u> entrega do software ao utilizador final

    - D é o número de defeitos detectados <u>após a</u> entrega

- À medida que D <u>aumenta,</u> DRE <u>diminui</u> (ou seja, torna-se uma fração cada vez mais pequena)

- O valor ideal do DRE é 1, o que significa que não são detectados defeitos após a entrega

- O DRE incentiva uma equipa de software a instituir técnicas para encontrar <u>o maior número possível de erros</u> antes da entrega.

<u>MÉTRICAS PARA PEQUENAS ORGANIZAÇÕES</u>

- A maioria das organizações de software tem menos de 20 engenheiros de software.

- É razoável sugerir que as organizações de software de todas as dimensões meçam e depois utilizem as métricas resultantes para ajudar a melhorar o seu processo de software local e a qualidade e atualidade dos produtos que produzem.

- Uma abordagem sensata à implementação de qualquer atividade relacionada com processos de software é: manter a simplicidade, personalizar para satisfazer as necessidades locais e certificar-se de que acrescenta valor.

Uma pequena organização pode selecionar o seguinte conjunto de medidas de fácil recolha:

- Tempo (horas ou dias) decorrido desde o momento em que um pedido é efectuado até à conclusão da avaliação, *tqueue*.
- Esforço (horas-pessoa) para efetuar a avaliação, *Weval*.
- Tempo (horas ou dias) decorrido desde a conclusão da avaliação até à atribuição da ordem de modificação ao pessoal, *teval*.

<u>Integração de métricas no processo de software</u>

Argumentos a favor das métricas de software:-

- A maioria dos programadores de software não mede, e a maioria tem pouca vontade de começar
- Estabelecer um programa bem-sucedido de métricas de software para toda a empresa pode ser um esforço de vários anos
- Mas se não medirmos, não há uma forma real de determinar se estamos a melhorar
- A medição é utilizada para estabelecer uma linha de base do processo a partir da qual podem ser avaliadas as melhorias
- As métricas de software ajudam as pessoas a desenvolver melhores estimativas de projectos, a produzir sistemas de maior qualidade e a entregar os produtos a tempo.
- A recolha de métricas de qualidade permite a uma organização "afinar" o seu processo de software para remover as "poucas causas vitais" de defeitos que têm o maior impacto no desenvolvimento de software.

Estabelecer uma linha de base:-

- Ao estabelecer uma linha de base de métricas, podem ser obtidos benefícios ao nível do processo de software, do produto e do projeto
- A mesma métrica pode servir muitos mestres
- A base de referência consiste em dados recolhidos em projectos de desenvolvimento de software anteriores.
- Os dados de base devem ter os seguintes atributos
  - Os dados devem ser razoavelmente exactos (devem ser evitadas suposições)
  - Devem ser recolhidos dados relativos ao maior número possível de projectos
  - As medidas devem ser coerentes (por exemplo, uma linha de código deve ser interpretada de forma coerente em todos os projectos)
  - As aplicações anteriores devem ser semelhantes ao trabalho a estimar.

Recolha, cálculo e avaliação de métricas

- A recolha de dados exige uma investigação histórica de projectos anteriores para reconstruir os dados necessários

- Após a recolha dos dados e o cálculo das métricas, estas devem ser avaliadas e aplicadas durante a estimativa, o trabalho técnico, o controlo do projeto e a melhoria do processo.

<u>Estabelecer um programa de métricas de software:</u>

- O Software Engineering Institute desenvolveu um guia abrangente para estabelecer um programa de métricas de software "orientado por objectivos".

O guia sugere os seguintes passos:

- Identificar o objetivo comercial

- Identificar o que se pretende saber

- Identificar objectivos secundários

- Identificar entidades e atributos do objetivo parcial

- Formalizar os objectivos de medição

- Identificar questões e indicadores quantificáveis relacionados com os objectivos secundários

- Identificar os elementos de dados que devem ser recolhidos para construir os indicadores

- Definir as medidas a utilizar e criar definições operacionais para as mesmas

- Identificar as acções necessárias para aplicar as medidas

- Elaborar um plano de aplicação das medidas

Por exemplo, considere o produto SafeHome. Trabalhando em equipa, a engenharia de software e os gestores comerciais desenvolvem uma lista de objectivos comerciais prioritários:

1. Melhorar a satisfação dos nossos clientes com os nossos produtos.
2. Tornar os nossos produtos mais fáceis de utilizar.
3. Reduzir o tempo que demoramos a colocar um novo produto no mercado.
4. Facilitar o apoio aos nossos produtos.
5. Melhorar a nossa rentabilidade global.

Referência:

1. Roger S. Pressman, "Software Engineering - A Practitioner's Approach", McGraw-Hill International Edition, 7th Edition, 2010.

1. Ian Somerville, "Software Engineering", Pearson Education Asia, 9th Edition, 2011.

2. Rajib Mall, "Fundamentals of Software Engineering", PHI Learning Private Limited, 3rd Edition, 2009.

3. Pankaj Jalote, "Software Engineering, A Precise Approach", Wiley India, 1st Edition, 2010.

4. Fundamentos de Engenharia de Software ISBN-10 8120348982 janeiro de 2014

Printed by Books on Demand GmbH, Norderstedt / Germany